JN024261

言語学はいかにして自然科学たりうるか

今井邦彦言語学講義

今井邦彦 著
Imai Kunihiko

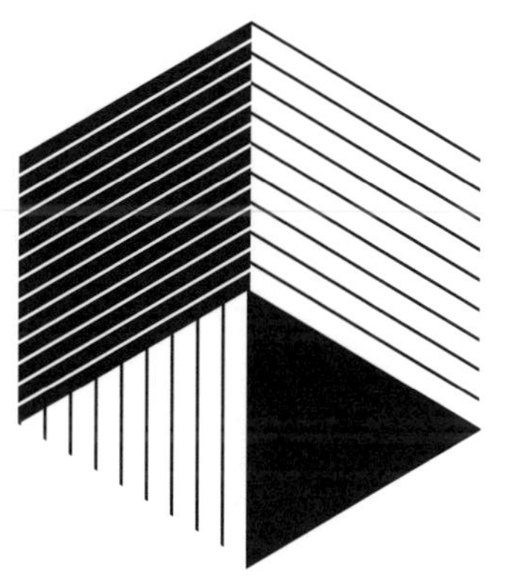

大修館書店

曾祖母・今井かめ
祖母　・今井花枝
父　　・今井精一
母　　・今井冨美枝　に捧ぐ

はじめに

この本は言語理論と語用論への入門書です。ノウム・チョムスキーが創(はじ)めた生成文法（Generative Grammar）という言語理論と，ダン・スペルベルとディアドゥリ・ウィルソンが興(おこ)した関連性理論（Relevance Theory）という語用論が入門の対象です。と同時にこの本は言語科学，つまり言語に関する科学はどうあるべきかを説く本でもあります。

著者は言語科学は物理学と同じように「経験科学」でなければならないと信じています。経験科学であるためには，その理論にとって出来る限り「狭い入口」を持つことが条件となります。幅広い，多様な事象の説明に初めから取り組もうとするのは厳禁です。

第1章ではこの条件を満たした関連性理論をある程度くわしく説明したあと，そのほかの語用論理論も紹介します。

生成文法は，まさしく経験科学である路を初めて明確に拓いた言語理論です。この理論を紹介するのが第2章です。

関連性理論は生成文法の語用論版（？）であるかのように誤解されることが多いのですが，第3章では両者の間にかなりの差があることが説かれます。

第4章では「認知言語学」が取り上げられています。これは経験科学について著者が信ずる正しい道に反した研究法の流れなので，批判の対象となっています。言語科学である限り，経験科学的条件を満たしていなければならないのに，認知言語学が承知の上でその条件を拒否しているのですから批判されるのは致し方ありません。

そして最終の第5章では，科学とは何か，言語科学はいかにあるべきかのいわば「まとめ」が行われています。

本文では，ところどころで軽口が利かれています。これは話の本筋が「硬い」ので，それを少しでもやわらげようという気持ちの表れですが，その中には日本の伝統芸術に読者諸賢を誘うための歌舞伎演目への言及なども含まれています。この本が出るころには満年齢で 90 を迎える後期高齢者たる著者です。まあご勘弁ください。

＊　＊　＊

1950 年代末という大昔に古英語（Old English）という 12 世紀半ばまでの英語や，それと親戚の古ノルド語（Old Norse）というやはり古い時代に北欧で使われていた言語の文献を読んだり，現代英語の音声学を学んだりしたロンドン大学を，1997 年に今度は関連性理論実践者として訪れました。そのころ新鋭の関連性理論学者として同大ユニヴァーシティ・カレッジの助教授相当職を務めていたロビン・カーストンも，やがて教授へと進み，現在は定年退職者で，著者と同様の身体の不調を抱え，洋を隔てて著者と慰めの言葉を交わしています。その長き期間，関連性理論は病にも冒されず，進歩・発展してきました。さあ，躍進を続けるこのすぐれた語用論理論を身に付けてください。

この本を書くにあたっては大修館書店企画推進部の皆さんに全面的にお世話になりました。ここに記して感謝の意を表します。

令和 6 年正月

今井邦彦

目　次

第3章　関連性理論と生成文法 …… 153

第4章　認知言語学 …… 183

第5章　科学とは何か …… 225

言語学はいかにして自然科学たりうるか

今井邦彦言語学講義

第1章

語用論

1　意味とは何だろう

1.1　意味の重大視

父親の経済的失敗で大学進学をあきらめざるを得なくなった若者がいたとしましょう。この若者を励ますため，いささか年配の伯父さんが（1）と言いました。

（1）　これはチャンスかもしれないよ。「人間万事塞翁（さいおう）が馬」だから。

「人間万事塞翁が馬」とは，「不幸や幸福は予測ができないのだから，安易に悲しんだり喜んだりするべきではない」という意味の格言ですね。伯父さんは少し古すぎることばを使ってしまったとも言えます。若者は意味はよく摑めないものの，「チャンスかもしれない」という部分に希望を見出して，「どういう意味ですか，伯父さん」と訊くかもしれません。伯父さんはそれに対して「なまじ大学などへ行ってブラブラ時間を無駄な遊びに使うより，実社会で修行した方が起業などの実力獲得やチャンスに恵まれるかもしれないよ」という，甥（おい）に伝えたい内容，つまり「意味」を説明するでしょう。このように，人とことばを交わす時に私たちが一番大事にするのは，多くの場合，意味ですね。友達がこちらに向かって何か言えば，わたしたちはその意味を受け取ろうとします。相手の言うことがよくわからないので，「意味がわからないんだけど」と言ったとします。たいていの場合，相手は言い直しや補足をしますね。

それにくらべて，相手（たとえば級友）が次のように言った場合はどうでしょう？

（2） 君（チミ），もっとイネルギーを発揮しなきゃ。

これに対して，相手を怒らせるつもりがなければ「チミって何だい？ イネルギーじゃない，エネルギーだろ」とは，まず言いませんね。（3）の場合はどうでしょう。

（3） 僕も少し努力を不足してたな。

これは文法的におかしいですね。「努力が不足だった」と「努力を惜しんだ」が混淆（こんこう）する，比較的起こりやすい言い間違いです。この場合も意味はわかりますから「今の君のことば，文法的に間違ってるよ」とはふつう言いませんね。言えば級友は「意味がわかりさえすればいいだろ！」と怒り出すかもしれません。つまり私たちは他人と言葉のやりとりをするとき，ことばを構成している重要な要素である発音や文法やよりも，意味の方により大きな重点を置いているように感じられます。

それなのに，**言語学**――ことば・言語を対象とする学問分野――では，意味の研究が始まるのは非常に遅く，むしろ**哲学**に先を越されていました。19 世紀後半には「**記号論理学**（symbolic logic)」（すぐあとに実例が出て来ます）の有用性が多くの哲学者により認識されて，「(科学上の）基礎的な概念・主張の“意味（meaning)”を明らかにする」ことの重要性が意識されるようになり，この学派の理論は「**分析哲学**（analytic philosophy)」という名を与えられました。フレーゲ（Gottlob Frege, 1848–1925）やラッセル（Bertrand Russell, 1872–1970）たちがこの派の代表者と言えましょう。けれどもこの人々にとっては，日本語とか英語などの「**自然言語**

(natural language)」(つまり，「人工言語 (artificial language)」ではないもの) とは「原始的で，あいまいで，不正確で，混乱した」ものでしかなかったのです。そのため上の目標を達成するために用いられるべき言語は，自然言語の“欠陥”を持たない「理想的人工言語」でなければなりませんでした。こうした考えを分け持つ人々は「**理想言語学派** (Ideal Language School)」と呼ばれました。そうした「理想言語」である記号論理学の「式」の例を（４）として示しましょう。

（４）　P → Q
　　　　P
　　　――――――
　　　∴Q

（４）の１行目，P → Q は「P ならば Q である」を意味します。例として P に「風が強く吹く」を当て，Q に「木の実が落ちる」を当てましょう。すると P → Q は「風が強く吹くと木の実が落ちる」となりますね。２行目は「P である」，つまり「風が強く吹いている」です。１行目と２行目を合わせて“計算”すると，３行目の「ゆえに Q」つまり「ゆえに，木の実が落ちている」が出来上がります。記号論理学は，それ自体の重要性を持っているのですが，自然言語の研究に直接には役に立ちそうにありませんね。

理想言語学派が掲げていたのは，(5i-ii) に挙げる意味論と意味の定義です。

（５）i. 意味論の目的は，言語形式[注1]と，それによって表現される世界との関係を明らかにするところにある。
　　ii. 言語形式の意味とは，その言語形式が表す命題を真であらしめるような必要十分条件[注2]を指す。

（５）によって定義される意味論を「**真理条件的意味論** (truth-conditional semantics)」と呼び，言語形式の意味を，真理条件と同じであるか，またはそれらに還元可能であると見なす意味論を指します。この考え方は今井他［訳 2019］からの引用（6）に明らかなとおり，自然言語を対象とする場合，適正な方法論とは言えません。

（6） i. チョムスキーの論ずるところでは，たとえば，語が何を指示するかについての問題や文の真理条件についての問題［…］は言語学の領域外であり，実際，彼の考えでは語はそもそも［何も］指示しないし，文は真理条件[注3]を有さない以上，このような問題を設定すること自体が間違っているのである。

（訳本 p. 243）

ii. 伝統的な考えでは，意味論は語の指示対象および文の真理条件についての研究と見なされているが，これは完全に間違っていると彼［＝チョムスキー］は主張する。チョムスキーの見解では，主張をしたり，対象を指示したりするのは話し手であり，話し手が使用する語や文が，話し手の意味する内容を可能にし，ある仕方でその内容に制約を課すのであるが，語や文自体が話し手の意味する内容を決定するわけではないのである。 （訳本 p. 271）

けれど，そうしたうちにも，哲学者の間には自然言語をも考究の対象とすべきであり，また，フレーゲに代表されるタイプの論理学的接近法に捉われていたのでは，自然言語の重要な特徴は，明確にされるどころか逆に隠蔽されてしまう，とする人々も現れました。オースティン（John L. Austin, 1911–1960），ライル（Gilbert Ryle, 1900–1976），そして最初は理想言語学派に属していたウィトゲンシュタイン（Ludwig Wittgenstein, 1889–1951）といった人々から成る学派で，この学派は「**日常言語学派**（Ordinary Language School)」と呼ばれました。

一方，言語学界内部で「**意味論**」が独立研究分野として一部の人に認められたのは20世紀の初めで，その後もこの「言語学的意味論」はほとんど成果を生みませんでした。なぜでしょう？　それは（5）という定義が間違っており，その間違った定義が言語学内の意味論にも糺(ただ)されることなく持ち込まれてしまうことが多かったからです。

1.2 「意味とは何か」を不必要に難しくしたもの

（5）に見るように，意味を「言語形式と，それによって表現される世界との関係」と定義してしまうと，意味とは何であるかが，非常に難しいものになってしまいます。「ネコ」という単語を例にとりましょう。この単語は世界にある何を表現しているのでしょう？　ペルシャ猫，シャム猫，アメリカンショートヘアなどの純粋種も，その辺にいる雑種もネコですね。ツシマヤマネコ，イリオモテヤマネコも大きさから言ってネコに含めてよさそうですね。一方，日本人は英語国民と違って中型のピューマ，ウンピョウはおろか大型のトラ，ライオンまで含めて cats と呼ぶようなことはしませんね。学術用語としてはライオン，トラもネコと呼ぶそうですが，歌舞伎のいわゆる獅子（ライオンが元のようです）もの（『鏡獅子』，『連獅子』など）の歌詞（？）の終わりが「〽獅子の座にこそ直りけれ」ならいいですけど，「ネコの座にこそ…」ではねえ，どうも。ところで読者諸賢の小学・中学の級友にネコというあだ名の人はいませんでしたか？「ネコは最近どうしてる？」「浪人を続けるのは嫌だって猛勉中だよ」「気の毒だねネコも」といった会話の中の「ネコ」は人間を表しています。少し古風かもしれませんが，芸者は三味線を弾くなどの芸で客を楽しませるのでネコと呼ばれました。ここまでは人間を指しますが，猫の皮を張って作る三味線，つまり物質もまたネコと呼ばれます。土製の囲いの中に小さな火鉢を入れて湯タンポのように用いた家具を猫火鉢と言い，略してネコと呼んだそうですが，さすがの昭和１桁生まれも，これは見たことがあるだけです。「猫じゃ，猫じゃと仰(オッシヤ)ますが」のネコも「…猫が下駄はいて絞りの浴衣で来るものか。オッチョコチョノチョイ」と子供のころ聞いたときは，何か妖しい化け物の歌かと思っていましたが，やがて上記のネコ，つまり芸者が客にネコと呼ばれるのに，愛嬌半分で抗議しているのだと知りました。これに対して「鍋島の猫騒動」の猫は本物（？）の化け猫で，佐賀藩主鍋島家を苦しめますが，忠臣に討たれます。化け猫話は特に江戸時代から盛んになり，いろいろな時期にいろいろな場所でいろいろな化け猫が現れました。さらにネコは可愛い動物ですからぬいぐるみその他の猫がたくさん作られます。「いやあ，娘の好みで車の後部窓にネコをすっかり飾られちゃってねえ。子供っぽい趣味だと他人（ひと）に思われるんじゃないかって弱ってるんだよ」という若いお父さんの困った，一方で嬉しそうな声が想像されます。

さ，問題はここにあるのです。「言語形式と，それによって表現される世界との関係を明らかにする」のだとすると，ネコという単語（言語形式）は世界の中の上に挙げた「ネコ」とどのように関係づければいいのでしょうか？　猫の雑種はどんどん増えていくでしょうし，ペルシャ猫と日本猫の雑種とシャム猫とアメリカンショートヘアの雑種は別物です。猫の‘人形’も次々に増えていくでしょう。多くの画家が猫を描くと思いますが，そのうち高名な画家の絵はドガシェクの「猫」とかピカスンの「猫」と呼ばれる可能性があります。つまり，本物の猫も人間によって‘創造’された猫も無限に増えていく可能性を持っています。猫顔の猫少年もそうでしょう。

つまり，猫という言語形式に関係づけられる世界に存在するものは無限なので，全部を並べるわけにはいかないのです。と言って，たとえば鍋島の化け猫と三味線は共通点がまったくありませんから，ネコと呼ばれるすべてを表す定義も下すことはできないのです。自然数（0，1，2，3，4，5…）も無限です。ですから自然数を全部紙に書き表すことはできません。けれども自然数には「これが自然数である」という定義[注4]が可能です。そこが違いなのです。

さて，次の文を見てください。

（７）　日本は 6,852 の島から成っており，昭和 21 年公布の憲法により国家形態および統治の組織・作用を規定されている国である。

この文の前半の主語は地理，つまり具象的なものを指示しています。後半は政治制度，つまり抽象的なものを指示しています。そうするとこの文の主語は具象的かつ抽象的という，あり得ない存在ということになってしまいますね[注5]。

(5ii) にも困難が控えています。人工言語の“文”は常に「命題」であり，その“文”は必ず真理条件を持っています。しかし，自然言語の文は必ずしも命題ではなく，真理条件を持つとは限らないからです。あ，「命題とは何か？」を説明せねばなりませんね。（８）に定義を与えます。

（８）　命題とは，それが表す内容が真であるか偽であるかを確かめることのできる言語形式であり，また，内容が真であるか偽であるかを確かめることのできる言語形式は命題である。

「馬」という単語や，「馬の上で」のような句は，言語形式ではあっても，真偽を確かめることはできませんから，命題ではありません。命題はまずもって「文」でなければなりません。でも文であるだけでは命題の資格は取れないのです。（９）は文ですね。

（９）　私にはそれは出来ません。

でもこれだけでは誰に何が出来ないのかわかりません。「出来ない」も，それをする能力がないから出来ないのか，それが道徳に反することだから出来ないのかも不明です。もちろん，聞き手が話し手（私）を知っており，「それ」が贈賄であるとわかっている場合は，聞き手には（９）の真偽は判ります。しかしそれはあくまで「（９）＋（プラス）コンテクスト」の真偽がわかるということで，（９）だけではその真偽は不明で，したがって

（9）は命題でないという事実に変わりはありません。

それに対して人工言語の“文”，たとえば（4）を振り返ってみましょう。

（4）　P → Q
　　　P
　　　―――――
　　　∴Q

（4）のPは「風が強く吹いている」の意味を持ち，Qは「木の実が落ちる」の意味を持ち，どちらも真だと決めてあるのでしたね。P→Qも真であると決められています。つまり（4）の第1・第2行は真だと最初から決まっていて，第3行も第1・第2行が真であるなら真だ，と記号論理学のいわば規則で決まっているので，（4）の3つの“文”いずれも命題です。

このように，真理条件権的意味論を自然言語研究に持ち込むことは誤った考えです。自然言語研究に属す語用論理論の中でも，第3章で扱う関連性理論では（5）の導入を拒んでいます。同理論の第2世代代表者ともいうべきカーストン（Robyn Carston）の言を聞いてみましょう。

（10）　形式論理という言語の意味論は，基本的に，その言語の真理条件を与えられるものである。この条件によってこの言語のすべての文形式には真理条件が与えられる。形式論理言語の文は本来的に命題であり，コンテクストに依存する必要がないため，この2つが重要な要因となって，意味イコール真理条件という事態を可能にしている。自然言語の文は，コンテクストによる補完を必要とし，それ自身だけでは命題ではないので，その意味論をどのように性格付けるかが問題となってくる。

The semantics of a formal logical language is typically given in terms of a truth theory for the language, which assigns to each sentential formula conditions on its truth; the propositionality and context-independence of the sentences of the language are important factors in making this feasible. The context-sensitivity and non-propositionality of natural language sentences raises the question of how their semantics is to be characterized. Carston (2002) p. 50.

(11) 言語によって符号（コード）化された意味は，発話によって表現されている命題（その命題の真理条件の内容）を下回る。
Linguistically encoded meaning underdetermines the proposition expressed by an utterance (its truth-conditional content).
Carston (2002) p. 83.

(12) 言語的確定度不十分性は，自然言語の本質的な特徴である。なぜならば，自然言語には不朽文[注6]がないからである。
Linguistic underdeterminacy is an essential feature of natural languages because there are no eternal sentences in natural languages. Carston (2002) p. 83.

(11) は通常，

(13) 発話の言語形式が持つ意味は，発話が表現している意味（＝発話によって表出される命題）を下回る。
The meaning of the linguistic form of an utterance underdetermines the meaning represented by the utterance (=the proposition expressed by the utterance).

と表現され，

(14)　**意味確定度不十分性のテーゼ**（semantic underdeterminacy thesis）

と呼ばれています。言い換えれば，「発話の言語形式の意味だけを解釈しても，発話が表現している意味には及ばない」ということですね。これは関連性理論にとって極めて重要なテーゼです。次の（15）という発話の意味は，（16）という命題に比べて，その内容はずっと少ないですね。

(15)　He's the 46th.
(16)　Joseph Biden is the 46th President of the United States of America.

換言すれば，（15）の意味は（16）の意味を下回っています。これも意味確定度不十分性のテーゼの１つの例です。
「意味確定度不十分性のテーゼ」は次のような文にも当てはまります。

(17)　i. A linguist rang me yesterday.
　　　ii. A certain linguist rang me yesterday.
(18)　i. If a linguist rings today, tell him I'm out.
　　　ii. If a certain linguist rings today, tell him I'm out.
(19)　i. Jane gave ME the tickets by mistake.
　　　ii. Jane game me the TICKETS by mistake.
(20)　I'm tired.
(21)　Mending this watch will take time.
(22)　Sheila wants to meet a bachelor.
(23)　I haven't eaten lunch.
(24)　I haven't eaten fish and chips.

A linguist と a certain linguist は言語形式上の意味にまったく変わりがないので，（17i）と（17ii）の間には真理条件に関する差はありません。

ところがこれと性格の同じ文が（18）のようにより大きい文に埋め込まれる（＝の一部となる）と，話が変わってきます。(18i) が「言語学者なら誰でも居留守を使え」という指示なのに対し，(18ii) は「あるタイプの言語学者には居留守を使え」という指示です。たとえば，「真理条件的意味論に固執する言語学者との通話は議論に果てしがなくなるから，外出中だと伝えてほしい」という要請です。つまり両者は真理条件が異なります。

（19）の ME と TICKETS は対照を示す強いアクセントを持っていると理解してください。そうすると，(19i) は「ジェインは他の人に渡すべき切符を，間違えて私にくれた」，(19ii) は「ジェインは私に渡すべき品物（切符以外のもの）を間違えて，私に切符をくれた」という意味になり，両者の意味は，したがってその真理条件は異なってしまいます。

（20）を，「今晩は映画にでも行かないか？」と誘った夫に妻が言ったことだとしましょう。妻は本当に映画を観に行くのさえつらいほど疲れているのかもしれないし，どうせ亭主は西部劇しか見ないんだからこっちは面白くもない，という気持ちから（20）を言ったのかもしれないし，夫の方も妻が本当に疲れていると解釈したかもしれないし，妻の気持ちを読み込んで，純愛映画は退屈だけれどまあ仕方がないと思っているかもしれません。どちらにしても真理条件は発話の意味の基底になってはいません。

（21）について言えば，時間の全くかからない修理というものはあり得ないのですから，この文は厳密に言うと，判り切った，したがって言う必要もないことを伝えている文ということになります。まあ，時計屋の気持ちとしては「お客様の考えておられるかもしれない時間以上に」の意味でしょうし，客の方も時計屋の心を読んで似たような解釈をしているかもしれません。それは 4，5 時間かもしれないし，数日かもしれませんが，いずれにしても真理条件は成立しませんね。

（22）のシーラが若い女性で結婚相手を捜しているなら bachelor の意味は「未婚男子」だけでは不足ですね。あまりに年寄りだったり，臨終が近かったり，明白な犯罪者だったり，そして宗教上の決まりから結婚できない人（カトリックの司祭や仏教のある派の僧など）は除かれるでしょうし，もしシーラが独身男子の心理・性格等の研究者であるなら年齢や宗教は無関係かもしれません。この場合も真理条件は確定不可能ですね。

(23) の lunch はこの発話の日の昼食だと話し手は口に出さずに（聞き手がそう解釈するのが‘常識’ですから）伝えたのでしょうし，聞き手もそのように推論することでしょう。(24) は話し手が fish and chips を食べたことがないのですから，時期を問題にするならこの人が生まれてからずっと，ということになるでしょう。実は 70 年近い昔のイギリス留学の最後の日は，著者がこの文を言うのにふさわしい（?）日でした。訪英以前から，イギリス人の好きな料理 fish and chips ほど不味いものはないと聞かされていましたし，グレアム・グリーン[注7]などの作品を読むと，愚かな小犯罪を数多く犯しているため「表通りを平然とは歩けない」ダメ男が，汚い食堂でこれをモソモソ食べている場面が屢々出てくるので敬遠していたのです。ところが，イギリスを離れるその日に，「記念のために」食べた fish and chips の旨さには驚きました。上等の魚と良い油を使うと美味になるようです。その後訪英の際は必ず食べることにしています。ただ，(23)，(24) の差異も，あくまでコンテクストに依存したことで，両者の言語形式には含まれていません。コンテクスト抜きでは真理条件は得られないわけです。

次の問題はどうでしょう。ピクニックに出かける予定だった日，目が覚めるとザンザン降りです。こういう時に「いい天気だねえ」とか「ピクニック日和だ」などという反語をつぶやくことがありますね。また誤った見解を得々として述べ立てる相手に言う「なるほど。○○派の言うことは常に正しいんだな。いいことを教わった」などの皮肉は（5）に照らすとどういうことになるのでしょう？「いい天気だねえ」という言語形式は，晴天で空気の爽やかな日の世界とは関係はありそうですが，大雨の日の世界とはどう関係しているのでしょう？「なるほど。○○派の言うことは常に正しいんだな。いいことを教わった」の意味は話し手が相手の意見に全面的に賛成であることが必要十分条件に思えますが[注8]，全面的反対な場合もそうであるとすればとんでもない矛盾ですね。

反語や皮肉でなくても，つぎの（25）〜（28）では，言語形式と「世界との関係」や「真偽」がはっきりしませんね。

（25）　あいつじゃあ若すぎる。
（26）　この塩焼き，生(なま)だ。
（27）　百万遍頼まれたけど嫌だからことわった。
（28）　パーティー？　だって着るものがないわ。

（25）の「あいつ」は山田太郎君という実在の人物，「若すぎる」は「社長になるには…」かもしれませんし，あるいは人物は鈴木次郎君で，「若すぎる」のは「校長になるには…」かもしれません。（25）の言語形式にはそれを区別する要素は含まれていません。（26）の「生」は「生焼け」の意味かもしれないし，間抜けな配膳係が焼く前の切り身を膳に盛ってしまったのかもしれません。（27）の話し手は「非常に多い回数頼まれた」と言っているのでして，本当に百万遍懇願されたはずはありません。（28）の話し手は着衣を１つも持っていないのではなくて，「派手なパーティーに着ていくのにふさわしい」和服ないしドレスを持っていないと主張しているのです。

それから，こういうこともありますね。飲み会の幹事Ａ君がＢ君に出欠を訊いたところ，Ｂ君が（29B）という答えをしたとします。

（29）　A. 今度の飲み会に出るかい？
　　　　B. 実はその日は弟の結婚式なんだよ。

Ａ君はこれを聞いて，

（30）　Ｂ君は飲み会には出ない。

と解釈します。(30) は (29B) の「**暗意** (implicature)」(「含意」,「推意」とも) であるなどと言われ，それに対して (29B) は「**明意** (explicature)」注9 などと呼ばれますが，(30) を (29B) の意味である，と言っていいのでしょうか？

ところで，真理条件的意味論を主張する人や，それを無意識に支持している人の中には，この理論を議するときに，比喩や皮肉に類することに言及しないことが多いですね。これはこの人々が「文の意味はその言語形式が持つ真理条件だ」という前提に立っているわけですから，ある意味では当然かもしれないですし，ごく好意的に見れば，彼らが「科学入門の狭い入口」として,「発話を構成する言語形式の意味」を広い意味での「言語」の中心的・本質的な姿として「取り上げている」のだ，と見る見方を全面的に否定はできないでしょう。しかし，(12) (下に (31) として再録) を思い出してください。

(31) 言語的確定度不十分性は，自然言語の本質的な特徴である。なぜならば，自然言語には不朽文がないからである。

カーストンのこの立場注10 を支持する著者にとっては,「真理条件的意味論」は「日の出・日の入りは神様がなさることである」と同じく，自然科学的仮説ではないのです。

このように,「意味とは何か」に対する答えがなかなか決まらなかったのは,「**意味論** (semantics)」と「**語用論** (pragmatics)」との区分についての考えが，言語研究者の中でまとまっていなかったからです。意味論も語用論も，言語の意味を扱う学問なのですが，言語学者の中にはそれが両方とも存在すべきであるという人もいれば，片方しか認めるべきでないと主張する人もいたのです。意味論・語用論とはいったい何なのか，次の節で見ていきましょう。

2　ことばの意味と語用論

「語用論」という用語を聞くと，「状況や目的からして，どういうことをどういう言い方で言うのが社交的に適切か」を教える術のように解釈されてしまうことがあるかもしれません。こういう「術」を，私たちは年を重ねるごとに深め，そしてしばしば練るようになります。身近なことではありますがこうした「術」は往々にして極めて複雑でなかなか結論のつかないものです。「秘術」と言ってよいでしょう。私たちの考える語用論は第 4 章で見る「経験科学（＝“自然科学” 的科学)」を志します。経験科学が扱えることは，実のところかなり限られたものです。上記のような「秘術」はあまりにも複雑で，経験科学の手に負えることではありません。

すでに述べたように，言語学では意味の研究が始まるのは非常に遅く，哲学者に先を越されていました。「語用論」という術語がいわば公式に学問の世界に登場したのも，これまた哲学者のモリス（Charles W. Morris, 1901–1979）の著作・Morris (1938) の中でした。彼は記号一般の性質・機能を研究する学問として「**記号論**（semiotics)」という領域を立て，これを「**統語論**（syntactics：今は syntax という用語が定着しています)」，「**意味論**（semantics)」，「**語用論**（pragmatics)」の 3 分野に分けることを提唱しました。ただモリスは語用論の研究業績を残したわけではありませんでしたし，言語学界の方でもモリスの提唱に応えて語用論を打ち立てる動きは示しませんでした。

しかし日常言語学派のオースティンは，「**言語行為理論**（speech act theory)」という理論（「**発話**行為理論」とも呼ばれます）を生みだし，これは言語研究史上最初の本格的語用論となったのです。オースティンはオックスフォード大学の哲学者でした。少し遅れて，同じくオックスフォード大の哲学者グライス（H. Paul Grice, 1913–1988）が，言語行為理論とは趣きの異なる語用論理論（グライスは「語用論」という用語は使いませんでしたが）を明らかにしました。彼の理論は一般に「**グライス理論**」として知られています。

グライス理論の後にはホーン（Laurence Horn, 1945-），レヴィンスン（Stephen Levinson, 1947-）を中心とする，グライス理論を忠実に守る学派が残り，その理論は「**新グライス派語用論**（Neo-Gricean Pragmatic Theory）」と呼ばれています。

1970年代に入るとスペルベル（Dan Sperber, 1942-）とウィルスン（Deirdre Wilson, 1941-）が**関連性理論**（Relevance Theory）を公開し始め，やがてSperber and Wilson（1986/1995²）[注11]が出版されるに及んで，この新しい理論が語用論理論の有力な一角を占めることになりました。同理論は，理論的根底に**生成文法**を置いていることを（少なくともある時期まで）公言していた一方，**認知言語学**支持者の一部からも友好的（？）扱いを受けるという，一種不思議な立場に立っています。

関連性理論の出現までは，意味論と語用論の区別にあまり意をそそがなかった言語学者もいました。この区別を（32），（33）に示す形で初めて明確にしたのは実は関連性理論なのです。

(32) 意味論：言語形式の“文字通り”の意味を研究する部門。

(33) 語用論：言語形式の，それが用いられるコンテクストに照らした意味を研究する部門。

（33）の「**コンテクスト**」から先に検討しましょう。この語は時に漠然とした意味で用いられますが，ここでは（34）という明確な定義に基づいて使います。

(34) 発話を解釈する時点で聞き手が想起でき，推論の前提とすることができる想定。

「**推論**」という点に注目してください。伝達に当たっては，聞き手が推論をするからこそ，「意味確定度不十分性のテーゼ」があろうと，「明意」と「暗意」の区別[注12]などというものが存在しても，話し手（書き手）の意図することが聞き手（読み手）に――ほとんどの場合――伝わるのです。(17)～(29B) 自身には (32) で言う“文字通りの”意味しかなくても，話し手が伝えようとしていることが聞き手に伝わるのは，そして (29B) の明意（そこには“文字通りの”意味しかありません）が (30) という暗意（これは“文字通りの”意味をはるかに超えた内容を持っています）として理解されるのも，聞き手・読み手が推論を働かせて発話の言語形式にさまざまな調整（意味に制限を加えたり肉付けをしたり）するからです。この調整を「**語用論過程** (pragmatic procedure)」と呼びましょう。次の節では関連性理論の主張する語用論過程を述べます。

3　関連性理論における語用論過程

3.1　曖昧性除去（＝一義化）

読者諸賢の中には，英語の曖昧(あいまい)語や曖昧文に悩まされた方が少なくないでしょう。(35) の bank は「銀行」とも「土手」とも取れますし，(36) の Flying planes は「飛行中の飛行機」とも「飛行機を操縦すること」とも解せられます。

(35)　He went to the bank.（彼は銀行／土手に出かけた。）

(36)　Flying planes can be dangerous.（飛行中の飛行機／飛行機を操縦することには危険が伴うことがある。）

日本語にも曖昧語はたくさんあります。漢字で書かれた場合は曖昧さが避けられることが多いのですが，仮名で書かれたり，音だけで与えられると曖昧さが残ります。

(37)　彼はコウエンに出かけた。

のコウエンが「公園・講演・後援」等々々，いろいろな語に対応していることはパソコンやスマホでお馴染みですね。

曖昧文は日本語にもたくさんあります。

(38)　役人は馬に乗って逃げる盗賊の首領(かしら)を追いかけた。

(38) では「馬に乗って」いるのが役人なのか盗賊の首領なのか不明です。

このような曖昧性を解消して正しい解釈を得るのが語用論過程の第1号「**曖昧性除去（一義化**：disambiguation)」です。聞き手が推論によって，(37) の場合であればコウエンが「公園・講演・後援等々々」のうちどれであるかを見極め，また (38) の例であれば「馬に乗っているのが役人なのか盗賊の首領なのか」を見極めるのです。その「見極め」，さらに，さまざまな語用論過程がどうして可能になるのかは，まもなく述べる「関連性」に立脚しているのですが，その説明については，すみませんが6までお待ちください。

3.2　飽和

(35) の He も (37) の「彼」も，具体的に誰を指しているのかこのままではわかりませんね。同じように，(39)～(41) の発話も，下線部に具体性が持ち込まれないと，聞き手には意味がつかめません。

(39)　[＝(25)] あいつじゃあ若すぎる。

(40)　あの時は，佐藤と一緒にあそこへ行った。

(41)　その日は，午後6時までそのバーにいたよ。

(39)～(41) の下線部のような表現が，誰，どこ，何等々を指すかを明確にする語用論過程を第2の語用論過程として「**飽和** (saturation)」と呼びます。

発話の中にはまた，(42)～(46) のように［　］の中身が言葉で表されていず，それが明確化されないと話し手が伝えようとしている意味が聞き手に伝わらないものが数多くあります。

(42)　大嫌いよ。[誰が何／誰を？]

(43)　太郎は背が低すぎる。[何をする／何のために？]

(44)　リニア新幹線の方が速いよ。[何よりも？]

(45)　その額で十分だ。[どんな目的のために？]

(46)　マサ子は魅力的だ。[どういう点が？]

このタイプの発話の［　］部分を補うのもまた飽和の働きです。聞き手は，推論によって，たとえば話し手の花子が言語学を嫌っているとか，身長160センチの太郎はバスケットボールの選手になるには向いていないとか，リニア新幹線は2027年における世界の他の鉄道車両より速いとか，いったん決まった婚約を断るわけだが向こうにも問題があるのだから〇拾万円で十分だとか，マサ子の魅力が容姿，人格，財産等々のどれ（あるいは全部）にあるのか，などのことを見透し，発話を理解するのです。

3.3　アドホック概念構築

次の発話例を見てください。日本語の添え物として類似した英語例をb.として添えておきました。

(47)　a. 毎晩一升？　そりゃ君，<u>飲み</u>すぎだよ。

b. The trouble with him is that he's rather fond of the *bottle.*

（彼の欠点はかなりの呑み助という点だ。）

(48) a. 独身女性を紹介してくれよ。

b. I'm looking for a *bachelor girl.*（独身女性を探してるんだ。）

(49) a. お殿様だねえ，彼は。

b. Sheila is a *princess.*（シーラは王女様ね。）

(50) a. この塩焼き，生(なま)だ。（＝(26)）

b. This steak is *raw.*（このステーキ，生だぞ。）

(51) a. ボルネオ（カリマンタン）島は熊だ。

b. France is *hexagonal.*（フランスは六角形だ。）

「飲む」の本来的意味は「(主として液体を) 口を通じて胃へ送る」ですが，(47a) ではアルコール飲料を飲む意味に使われていますね。さらにこの例では「一升」という語の存在からして発話の相手が飲むのは日本酒だということが強く示唆されます（升(しょう)・合(ごう)・勺(しゃく)（それぞれ約 1.8 ℓ ・180mℓ・18mℓ）は日本に古くからある尺貫法ですが今は日本酒だけに限って用いられているようです：昭和 1 桁生まれの筆者でも「今日は暑いな。ビールを 2 合ほど飲みたいな」などとは言いません)。英語の drink も「アルコール飲料を飲む」に限って使われることが多いですね。(47b) では bottle が水や清涼飲料水ではなく，ウィスキーやブドウ酒を入れる瓶から連想される「アルコール飲料」の意味に使われていますね。意味論学者とされる人の中には，「独身女性」の意味は「女性である・成人である・結婚したことがない」の 3 要素によって必要十分な定義が与えられると主張した者がいました。しかしもし (48) の話し手が結婚相手を探しているとすればどうでしょう？　キリスト教でも仏教でも，尼さんは上の“意味論学者”の主張する 3 要素を満たします。けれども，話し手をからかうつもりや，尼僧を侮辱するつもりでもない限り，聞き手は「君のうちの近くには尼寺があるし，女子修道院は方々にある。僕に頼む必要はなかろう？」などとは言うはずがありません。つまり (48) の話し手の言う「独身女性」には「制度上結婚するはずのない人」「独身のまま 90 歳を超えてしまった人」「絶対に変心するはずのない独身主義者」等々を除くいろいろな条件が付いていて，上記“意味論学者”の3要素だけでは律しきれないのです。(49a）の「お殿様」は，昔の大名，それも戦国の武将と違って江戸幕府の平和に慣らされた，おっとりした藩主，その中でも落語に登場する，世事に疎くて，些か間の抜けた，だまされやすい人物に似た人を指しています。(49b）の princess は「気位の高い，わがままな女性」の意味です。

普通の「字引き」（特にその項目の初めの方）に出てくる意味を「辞書的意味」と呼びましょう（上記の“意味論学者”さんの唱える“意味”はだいたい辞書的意味です)。すると（47）の「飲む」や bottle は辞書的意味よりもずっと意味を狭めて使われていますね。(48）の「独身女性」も bachelor girl も同じことです。また，本物のお殿様にはむろん世事に長け，頭の切れる人もたくさんいたことでしょうから，(49a）の「お殿様」は辞書的意味よりも狭く使われています。(49b）の princess にしても，本物の王女様の中には謙虚で愛他的な方も数多くいらっしゃるのだから，やはり辞書的意味よりも狭く使われているわけです。

他方，(50a）の「生」を（26）の最初の意味，つまり「生焼け」と取りましょう。すると話し手は下手な職人の腕前に文句を言っているわけですね。(50b）の raw についてもまったく同じことが言えます。(51）のボルネオ島は確かに熊に似た形（北東の端が頭で，南西の端が尻尾です）をしていますし，フランスもそう言われてみれば六角形ですね。つまり今度は語が「辞書的意味」より広く使われている場合です。(50）の「生」と raw は「全く火を通していない」から「焼き方が不十分である」に意味が広げられていますし，(51a）の「熊」は食肉目クマ科の動物ではなく，「その動物をある角度から描いた図にどこか似た形」の意味ですし，(51b）の hexagonal は「六角形にどこか似た形」の意味です。なお，現代の日本に本当の殿様はいないのですから，「お殿様」で現代の人物を指すのは，語の意味の拡張でもあるといえます。同じように，(49b）のシーラがアメリカ人であるとすると，共和国に本物の王女様はいませんから，シーラを princess と称するのは意味の拡張なわけです。

いずれにしても，(47)-(51）の下線部やイタリック体のそれのような意味解釈をもたらす語用論過程を「**アドホック概念構築**（ad hoc concept construction)」と呼びます。「アドホック」とは「その場その場の」という意味で，聞き手は，話し手が意味をその場その場にふさわしく縮小したり，拡大したり，その他の改変を与えたものを把握して，話し手の意図を解釈するわけです。

このへんで読者諸賢は気付かれたのではないでしょうか？　勤勉の極にあるような人のことを「あの男は働き蜂だ」といったりするときの「メタファー」はアドホック概念構築の産物ではないか，と。その通りです。メタファーだけでなく，ものを大げさに言う「誇張表現」とか，その逆の「緩叙法」（わざと控えめに言うこと）も，次の例を見るとおり，いずれもアドホック概念構築によって生み出されるのです。

(52)　a. あいつは働き蜂だ。[メタファー]

　　　b. Debbie is a chameleon[注13]. (デビーはカメレオンね。) [メタファー]

(53)　a. 百万遍頼まれたけど嫌だからことわった。[＝(27)：誇張法]

　　　b. I've told you thousands of times that the capital of Brazil is not Rio de Janeiro! (ブラジルの首都はリオデジャネイロじゃないって何千回も教えたろ！) [誇張法]

(54)　a. 母親を叩いた？　それはちょっと酷いな。[緩叙法]

　　　b. He seems to be a little upset. (少しご機嫌悪いみたい――人を殴ったり物を壊したり凶暴な怒り方をしている人について) [緩叙法]

なお，関連性理論では，語がアドホック概念を表していることを示すために，その単語を大文字で書き，右肩に「＊」を付けることを慣例としています。drink, bottle, bachelor, princess, raw, hexagonal がアドホック概念で使われているときは，DRINK*，BOTTLE*，BACHELOR*，PRINCESS*，RAW*，HEXAGONAL* と書くわけです。日本語の場合は大文字小文字の区別はありませんから「*」だけ付けて，飲む*，独身女性*，お殿様*，生*，熊*，のように書けばよいでしょう。あるいはカギ括弧を付けて「飲む*」，「独身女性*」，「お殿様*」，「生*」，「熊*」としてもいいですね。

3.4　自由補強

では語用論過程の 4 番手，そして最後の「**自由補強**（free enrichment）」の話に入りましょう。まず次の例を見てください。

(55)　a. あなたはガンにはかかりません。
　　　b. You are not going to die.（あなたは死にません。）

(56)　a. 髪結新三（しんざ）は，弥太五郎源七に毒舌を吐（は）き，源七に命を狙われた。
　　　b. John hit Sue and she walked out on him.（ジョンはスーを殴り，スーはジョンを見捨てた。）

(57)　a. 昼食は済ませました。
　　　b. I had a late breakfast.

(58)　a. パーティー？　だって着るものがないわ。[＝(28)]
　　　b. I've got nothing to wear.

(55a) が大腸の内視鏡検査をしてくれた医師の言葉であるとすれば，ほぼ「あなたは少なくとも 3 年以内には大腸関係のがんに侵される可能性はないはずです」という程度の意味でしょう。医師は占い師ではありませんから，20 年後に脳のガンにかかっても，いや 3 年以内に大腸がんにかかっても，この医師は患者に恨まれる筋合いはありません。下線を引いた部分が，「話し手（医師）が意味したと聞き手が自由補強によって推定したこと」だと解されるからです。(55b) も，ちょっと転んで膝小僧を擦りむいただけなのにメソメソ泣いている幼児に言われたことと想像してください。話し手の意図している意味はYou are not going to die from that cut.（そんな傷ぐらいで死ぬわけはない）です。これも下線部が自由補強によって聞き手が受け取る内容です。(56a）は歌舞伎の世話物『梅雨小袖昔八丈』の筋書きの一部です（日本が世界に誇るべき芸術を楽しむ人がインテリの中にはあまりにも少ないので，筆者はチャンスがあるたびに歌舞伎や文楽の台詞等を書きものの中に埋め込むようにしています：どうぞこれを機会に古典芸術のファンになってください)。(56a）の「吐き」と（56b）のand以下からは，「吐いたゆえに」，and therefore（そして，それゆえに）が読み取れます。これも話し手が意図している意味だと聞き手が自由補強によって理解している部分です。

(57）について言えば，話し手が昼ちょっと過ぎに訪ねてきたとしましょう。用事も終わったので聞き手は話し手が空腹ではないかと思い「何か召し上がりますか？」と訊いたところ，(57a）ないし（57b）が答えだったとします。昼食ないしbreakfastは，この「発話の日の昼食・breakfast」であるというのが話し手の意図であり，聞き手の自由補強による解釈だったと考えられます。どの日の，ということは発話に盛り込まれていませんが，前日の，とか，10年前の昼食・breakfastであったということは，明記されていない以上，考えられません。(58a）については（28）について書いたとおり「パーティーに着ていくのにふさわしい」が，(58b）についてはsuitable for the occasion（その場にふさわしい）が，発話に盛り込まれていませんが，話し手の意図した，そして聞き手が自由補強で取得した意味なのです。

さて，自由補強とはどういう点で「自由」なのでしょうか？　それはこの語用論過程が，その前の3つの過程と違って「言語形式から自由」な点です。

3.4.1　自由補強と曖昧性除去

曖昧性除去は，(すぐ下に再録した（35)～(38）で見た通り）英語のbankや日本語の「コウエン」のように複数の意味を持つ単語や，(36）や

(38) のように複数の種類を持つ文法形式から聞き手が適切な項目を選ぶ過程ですから言語形式にいわば支配されています。自由ではありません。

(35)　He went to the bank.（彼は銀行／土手に出かけた。）
(36)　Flying planes can be dangerous.（飛行中の飛行機／飛行機を操縦することには危険が伴うことがある。）
(37)　彼はコウエンに出かけた。
(38)　役人は馬に乗って逃げる盗賊の首領を追いかけた。

3.4.2　自由補強と飽和

飽和は (39)～(41)（これもすぐ下に再録します）に類似した文の「あいつ，あの時，あそこ，そのバー」等の指示詞が誰，いつ，どこ等を指すかを明らかにする過程ですね。ということは，これらの指定対象である，たとえば，(39) の「あいつ」は「話し手の後輩である武田三郎という実在の人物」，(40) の「あの時」は「2023年6月1日」，「佐藤」は「話し手の同期生である佐藤達夫という実在の人物」，「あそこ」とは話し手と佐藤が卒業した○○大学学窓会館，(41) の「その日」は話し手と対立している○山×男が2021年11月2日午後4時ごろ九州で殺された日で，「そのバー」は東京のホテル内の「バー△△」であった，などといったことでしょう。この場合，(39)～(41) が人，時，場所等に関する何のコンテクストもない状態で発話されては，つまり聞き手が推論によって如何なる「不朽文」（本章注6を思い出してください）をも挿入することが不可能な場合は，解釈不可能です。その意味でこれらの文は「言語形式に支配」されているのです。

(39)　あいつじゃあ若すぎる。
(40)　あの時は，佐藤と一緒にあそこへ行った。
(41)　その日は，午後6時までそのバーにいたよ。

(42)～(46) も飽和の例ですね。

(42) 大嫌いよ。[誰が何／誰を？]
(43) 背が低すぎる。[何をする／何のために？]
(44) リニア新幹線の方が速いよ。[何よりも？]
(45) その額で十分だ。[どんな目的のために？]
(46) マサ子は魅力的だ。[どういう点が？]

(42) の「嫌う」には嫌う主体と嫌われる対象（人・物）が必ず存在します。そしてそれは言語形式の中に組み込まれています。「嫌う」・「嫌いだ」という単語は誰かが何かを嫌うのでなければ使えないからです。同じことが (43)～(46) について言えます。(43) の「～すぎる」には「何をする／何のために」が論理上欠かせないだけでなく言語形式に組み込まれています。(44) の「～の方が速いよ」には「何よりも」が理屈から言って不可欠ですし，(45) の「十分だ」には「支払の目的」が必ずついていますし，(46) の「魅力的だ」には「どの点が」の指定が必要不可欠で，かつ (42)～(46) いずれの場合もそれ（[ ] の中身）は言語形式の中に組み込まれています。言い換えれば，どの文も挿入可能な不朽文を伴っているのです。

3.4.3 言語形式に支配されない自由補強

アドホック概念構築を考えましょう。(47)～(51) を再録します。

(47) a. 毎晩一升？ そりゃ君，飲みすぎだよ。
b. The trouble with him is that he's rather fond of the *bottle*.
（彼の欠点はかなりの呑み助という点だ。）
(48) a. 独身女性を紹介してくれよ。
b. I'm looking for a *bachelor girl*.（独身女性を探してるんだ。）
(49) a. お殿様だねえ，彼は。

b. Sheila is a *princess.*（シーラは王女様ね。）

(50)　a. この塩焼き，生(なま)だ。

b. This steak is *raw.*（このステーキ，生だぞ。）

(51)　a. ボルネオ（カリマンタン）島は熊だ。

b. France is *hexagonal.*（フランスは六角形だ。）

(47) の「飲む」やbottle，(48) の「独身女性」やbachelor girlは「辞書的意味」よりもせばめて使われているのでしたね。逆に，(49)～(51) のお殿様，princess，生，raw，熊，hexagonalは辞書的意味を拡大して使われていますね。どちらも辞書的意味が元にあるわけですから，その縮小も拡大も言語形式に支配されているわけです。

曖昧性除去・飽和・アドホック概念構築は，いずれも言語形式を元として，それらの意味を縮小・拡大して（ズラして，と言ってもいいですね)，意味要素を獲得しています。それが自由補強との違いです。

ガン（にかぎらずいろいろな病気）と患者が死ぬ時期とは無関係ではありません。でもそれは言語形式で結ばれてはいません。(55b) の「死の原因にはならないこと」には膝の擦りむけだけでなく，無害な小虫に刺されること，ちょっとした寒さ等々無限にあります。その「原因」を表現に含まない文は不完全である，などということはありません[注14]。どちらの意味獲得も言語形式から自由ですね。

(56) の「吐き」のような連用形とか，英語のandは，しばしば「それゆえに」の意味を示すことがあります。けれどもこれらの語が常にその意味を表すわけではありませんね。ここでも話し手が自由補強によって理解している部分は言語形式に基づくものではなく，「言語外の知識から推測している」とでも言うほかありません。

(57) の昼食（でも晩餐でも，お経やお祈りでもいいのですが）が「何月何日のものであるか」を表現しなければならない言語規制は存在しません。宗教上の規制は数多くあるでしょうが。同様に (58) に関連して言えば「どういう機会にはどういう服装が望ましいか」について社会的・習慣的規制はありますが，言語的規制はありません。自由補強とは，言語形式に支配されず，強いて言えば「言語外の知識に導かれた」意味獲得過程だと言えましょう。

3.5 自由補強の自由度

自由補強は言語形式に支配されない意味獲得課程だということを見てきました。では自由補強とはいかなるもの／ことにも支配されない課程でしょうか？ 西山佑司氏と峯島宏次氏は，西山・峯島（2006），Nishiyama and Mineshima（2007, 2010）その他の中で自由補強についても言語の意味論側からの強い制約が課せられている旨，主張しています。この主張は今井・西山（2012）においても紹介されているので，この書（主として p. 270 以降）によって知ることもできます。

4 発展と明意・暗意

これまでに扱った語用論過程――曖昧性除去・飽和・アドホック概念構築・自由補強――を併せて，関連性理論は「**発展**（developmemt）」と呼んでいます。「意味確定度不十分性のテーゼ」を定義した（13）の一部である「**発話によって表出された命題**（the proposition expressed by an utterance)」(「**表出命題**（the utterance expressed)」とも略称されます）とは，まさしく「発展によって得られた命題」に他なりません。スペルベルとウィルスンは（59)・(60）によってこれらの概念を基礎に「**明意**（explicature)」という重要な概念を定義しています。

(59) 発話Uによって伝達された想定は，もしそれがUに符号（コード）化された論理形式[注15]を**発展**（develop）させたもの（＝発話によって表出された命題）であれば，そしてその場合に限り，**明**

示的である。

An assumption communicated by an utterance U is *explicit* if and only if it is a development of a logical form encoded by U.

Sperber and Wilson (1995) p. 182.

(60)　我々は明示的に伝達された想定を「**明意**」と呼ぶ。

[W]e will call an explicitly communicated assumption an *explicature.*　同書同ページ

表出命題と明意は同じではないか，という疑問が湧くかもしれません。それは間違いです。次の例を見てください。

(61)　A. 寺井はアメリカ史に詳しいね。

B. そうとも。寺井はアメリカ史に詳しいよ。初代大統領がワシントンだったことさえ知っているくらいだ。

下線部はＢ氏がＡ氏の言ったことをほぼそのまま繰り返したものにすぎず，Ｂ氏がＡ氏に伝えようと意図したものではありません。Ｂ氏は寺井がアメリカ史に詳しいどころか，極めて疎(うと)いと考えているのです（だから下線部の反語の後に小学生でも知っていることを寺井が知っていることを皮肉として付け加えています）。

繰り返しをいとわずに言うと，発話（61B）下線部の表出命題は

(62)　寺井はアメリカ史に詳しい。

です。これはＢ氏が伝えようとしたことではありませんから，明意ではありません。一方でＢ氏の発言には暗意があります。それは（63）です。

(63)　寺井はアメリカ史に疎(うと)い。

ところでＢ氏は（61B）によって次のこともＡ氏に伝えようとしていますね。

（64） 寺井がアメリカ史に詳しいなどと考えるのは，滑稽な思い違いだ。

これを（61B）の**高次明意**（higher-level explicature）と呼びます。一般に高次明意は次のように定義されます。

（65） 表出命題を「**発話行為述語**」（「言う」，「ささやく」，「どなる」など）や「**命題態度述語**」（「残念に思う」，「滑稽だと考える」，「〜と信ずる」など）の目的節として埋め込むことにより得られるもの。

（64）は（61B）下線部の表出命題（62）を「〜と考えるのは滑稽な思い違いだ」という命題態度述語の目的節として埋め込んだものですね。

他の例をいくつか挙げましょう。

（66） 英一：（残念そうに）できない。

（67） 秀子：（ささやき声で）いつもの場所で待ってるわ。

聞き手はこれらに発展を加え，それぞれ

（68） 英一は聞き手が進めようとしている計画に参加できない。

（69） 秀子はバー・ベルテで聞き手を待っている。

という表出問題を得ます。（68）・（69）は（66）・（67）の明意でもあります。それと同時に聞き手は，

（70） 英一は聞き手が進めようとしている計画に参加できないことを

残念に思っている。

（71）秀子はバー・ベルテで聞き手を待っている旨，ささやいた。

という想定も得ます。（70）・（71）は高次明意の例です。もういくつか高次明意の例を扱いましょうか。まず（72）を見てください。（72）のａからｅまでの後に続いている［　］内は，それぞれの発話が行われた環境です。

（72）a. What a lovely day for a picnic!［ピクニックの最中に大雨が降ってきた。］
b. Did you remember to water the flowers?［同上］
c. Bill is a fine friend.［発話者は，信頼していた友人ビルに裏切られた。］
d. Chris is not known for generosity.［クリスが吝嗇（りんしょく）（“けち”）ぶりを発揮した。］
e. 税金を引かれると残りはこれだけだ。有難い話さ。［発話者は自宅を売り払った。］

（72′）a～e 各例の i. は（72）a～e 各例の明意，ii. は高次明意と言えます。

（72′）a. i. What a dreadful day for a picnic.
ii. It is ridiculous to believe that it is a lovely day for a picnic.
b. i. I hope you didn't water the flowers.
ii. It is stupid for anyone to hope that the hearer did remember to water the flowers.
c. i. Bill is a bad companion.
ii. It is ridiculously incorrect to believe that Bill is a fine friend.

d. i. Chris is mean with money.

ii. The thought that Chris is not known for generosity is under-informative and irrelevant.

e. i. 税金をこんなに取るのは怪(け)しからん。

ii. 税金をこんなにたくさん取られて有難いと思うなんてばかばかしい考え方だ。

明意の対照となるのは「**暗意**（implicature)」です。(73)～(76）で，それぞれＡは発話Ｂを引き出す原因となった発話，ＢはＡの発話者が得る明意，Ｃは聞き手が得る暗意です。

(73)　A.『荒野の決闘』を観に行かないか？

B. 西部劇ってピストルを撃ってばかりで退屈なだけよ。

C. 私は『荒野の決闘』を観に行きたくない。

(74)　A. どうしてあたしをパーティーに招(よ)んでくれなかったの？

B. 感じのいい人だけ招んだのよ。

C. あんたは感じが良くない（から招ばなかった)。

(75)　A. 花子「ねえ，テニスでもしない？」

B. 太郎「雨が降ってるよ。」

C. 2人は今いる場所ではテニスは出来ない。

(76)　A. ガス欠になりそうだ。

B. 今度の角を曲がって少し走るとスタンドがあるわ。

C. ガス欠を口実に私を口説こうなんて無駄よ。

どの例でも，ＣはＢの言語形式を発展させたものではありませんね。一般に，暗意は発話の言語形式とコンテクストに基づく推論だけから得られるもので，**非明示的**である点が特徴です。

話を少し先取りすると，明意・暗意は次のように定義されるのです。

（77）　a. 意図明示的に伝達された「表出命題」を**明意**（explicature）と呼ぶ。

b. 意図明示的だが非明示的に伝達される想定を**暗意**（implicature）と呼ぶ。

「**意図明示的**」という用語の説明のためには，項を改めるのが適切に思えます。

5　意図明示的伝達

私たちはいろいろな源泉から物事を知ります。少し洒落た言い方をするなら，「**認知効果**（cognitive effects)」を得ます。雲の様子や小鳥の飛び方から，今後の気象を知ることもできます。電車の向かい側の席でしきりにあくびをこらえている人がいれば，「寝不足なんだろうな」と思ったり，真っ赤な顔でアルコール臭い人が話しかけてくれば，話題がどんなに真面目でも「あ，これはだいぶ酒を飲んでいるな」と察します。ただし，雲や小鳥が私たちに何かを教えようとしているわけではないのと同じく，あくび小父さんには自分が寝不足であることをこちらに伝えるつもりはまったくないし，酒飲み小父さんも自分が酒を飲んでいることを伝えるつもりは全然なく，むしろこちらに知られたくないかもしれません。つまりこの 2 人の小父さんには「**情報的意図**（informative intention)」が全くないのです。

これに対して，同じあくびでも，退屈で意図薄弱な講演を聴かされていた人が突然立ち上がって，これ見よがしに伸びをし，これまた聞こえよがしに大あくびをしたのであれば，これは講演者に対する「貴方の話は退屈で何の役にも立たない」という気持ちの表明で，この人には明瞭な「情報的意図」があります。

情報的意図を持っている人は，多くの場合「**伝達的意図**（communicative intention)」を持っています。つまり自分が情報的意図を持っていることを相手に知らせたい，と考えているのです。2種の意図を定義していきましょう。

(78) **情報的意図**：ある想定の集合[注16] I を，聞き手にとって顕在的に，あるいはより顕在的にすること。
[T]o make manifest or more manifest to the audience a set of assumptions I. Sperber and Wilson (1995). p. 58.

「**顕在的** (manifest)」とは「**頭の中に思い浮かべることができる**」ということです。スペルベルとウィルスンはこの語を (79) として正確に定義しており，また (80) では「顕在的」という概念を基礎にして，「関連性」(まもなく定義します) ということに重要な意味を持つ「**認知環境** (cognitive environment)」という概念を厳密に定義しています。

(79) ある個人が，ある時点で，ある事実を自分の頭の中に表示でき，かつ，その表示が真実である，あるいはおそらく真実であるとして受け入れることができる場合は，そしてその場合に限り，その事実は，その個人にとって，その時点で「**顕在的**」である。
A fact is *manifest* to an individual at a given time if and only if he is capable at that time of representing it mentally and accepting its representation as true or probably true.
Sperber and Wilson (1995) p. 39.

(80) ある個人の「**認知環境**」とは，その個人にとって顕在的な事実の集合である。
A *cognitive environment* of an individual is a set of facts that are manifest to him. Sperber and Wilson (1995) p. 39.

さて，伝達的意図の方は（81）のように定義されます。

(81)　**伝達的意図**：話し手が，何らかの情報的意図を持っていることを，話し手・聞き手双方にとって顕在的にすること。
Communicative intention: to make it mutually manifest to audience and communicator that the communicator has this informative intention. Sperber and Wilson (1995) p. 61.

情報的意図はあるのに，伝達的意図がない，という場合もあります。中学 3 年の男の子の話としましょう。2 年下にいる女生徒に大いに魅力を感じていて，本当はその気持ちを彼女に打ち明けたいのに，口を利く段になると，不愛想なしゃべり方をしたり，相手を批判してしまったりするのです。この男の子には情報的意図はあるのに，伝達的意図がありません。あ，今どきそんな内気な子はいませんか？　ではこれは筆者が中学生だった何十年も昔の話として片づけ，別の例にしましょう。宴会などで自分の杯が空になっているのに誰も注いでくれない，とします。自分で注ぐのも癪だから，銚子を取って隣の人に注ごうとします。隣席の人は「や，これは気が付きませんで失礼しました。あなたこそどうぞ」などと言ってこちらに注いでくれようとします。こちらは「いえいえ，私はもう酔いが回っていますので」などと心にもないことを言います。この見栄っ張り男は「もっと飲みたい；自分の杯を満たしてほしい」という気持ちを隣席の人に知らせたいという情報的意図はあるのですが，その情報的意図を相手に知られたくないわけで，つまり伝達的意図がないのです。情報的意図と伝達的意図との両方に基づいて行われる伝達を「**意図明示的伝達**（ostensive communication)」と呼びます。

人間は常に関連性を求めているのですが，その一方で，成果の見込みが少ないことには努力を払わない傾向があります。それゆえ，正確に言うと，関連性とは「認知効果の大きさと，認知効果を得るために必要なコスト，という 2 つの要素のバランス」の上に成り立つものなのです。そこで（82）と（83）によって定義される「**最適の関連性の当然視**（presumption of optimal relevance)」という概念が必要となってきます。

（82） a. 意図明示的刺激は，受け手がそれをプロセス（処理・解釈）する努力に値するだけの関連性を持っている。
The ostensive stimulus is relevant enough for it to be worth the addressee's effort to process it.

b. 意図明示的刺激は，送り手の能力と選択が許す範囲内で最も高い関連性を持つ。
The ostensive stimulus is the most relevant one compatible with the communicator's abilities and preferences.

Sperber and Wilson（1995）p. 270.

（82）の「**意図明示的刺激**」とは「意図明示的伝達を行うこと」という意味で，その代表格が発話です。(82a）が言っていることは「発話をするということ自体が，その発話内容に認知効果があることを聞き手に（無意識にせよ）期待させるものだ」という趣旨です。相手にいくら腹を立てていてもバカヤローと言っただけでは，相手がこちらの発話を処理・解釈する気を起こしてくれなければ困ります。相手に伝えたいことがあるかぎり，処理・解釈する気を相手が起こしてくれるギリギリの関連性は持たせなければなりません。(82a）を言い換えれば，「発話は，最適の関連性を持っている顔をしている」ということになりますね。

では（82b）は何を言っているのでしょうか？　人間は本来怠け者ですから，聞き手に情報を伝えるという目的が達せられる限り，できるだけ努力が少なくて済む話をしたがるものですし，生まれつき口下手ということもあります（能力の問題)。また話し手が聞き手の理解力を読み損ねたり，聞き手の感情に対する遠慮からいくぶんわかりにくい話し方を選ぶこともあります（選択の問題)。

こうした背景から生まれたのが，（83）「**関連性原理Ⅱ（伝達的関連性理**

論：communicative principle of relevance)」なのです。

(83)　すべての意図明示的伝達行為は，それ自身が最適な関連性を持つことを当然視している旨を伝達している。
Every act of ostensive communication communicates a presumption of its own relevance.
Sperber and Wilson (1995) p. 260

もっとくだけた言い方をすれば，(83) の趣旨は「発話をするということは，それ自体，“私の話を聞きなさい。あなたの認知環境につながる情報が，解釈のための必要以上の努力を払うことなしに得られますよ”と言っていることに他ならない」ということになります。

ここまで来れば，これまでに正確な定義なしに使ってきた「**関連性**」という概念を正確に定義できます。

6　関連性

6.1　関連性とは何だろう？

関連性理論という理論の名前の基となっている「**関連性** (relevance)」は術語ですから，ただ漠然と「関係があること」を意味するのではありません。ある発話，あるいは情報がその受け手にとって関連性を持つのは，次の (84a, b, c) の3つの条件のいずれかを満たす場合で，かつ，その場合に限られます。

(84)　a. その人にとって確信が持てなかった想定が，その情報によって確信と変わるとき。
b. その人の想定が間違っていたことがその情報によってあきら

かになったため，元の想定を廃棄するとき。

c. その情報が**コンテクスト的含意**（contextual implication）を持つ場合。注17

まず（84a）の例を挙げましょう。

（85）「名月を取ってくれろと泣く子かな」は一茶の句だったかな？

と迷っていた中学生が，信頼できる人（国語の先生など）に

（86）間違いなく一茶だよ。

と言われれば，（85）の不確かな想定は確信に変わります。この子にとって（86）は関連性を持った情報なわけです。

次は（84b）の例を見ましょう。ある高校生が

（87）日本海海戦でロシア・バルチック艦隊を完膚なきまで撃破したのは山本五十六元帥だった。

と誤って思い込んでいたとしましょう。それに対して歴史の先生が

（88）違うよ。それは東郷平八郎元帥だ。1905 年のことだ。山本はまだ 20 代の少尉候補生だったよ。1941 年の真珠湾攻撃の時の連合艦隊司令長官が山本だったんだ。

と教えてくれたとしましょう。そうするとこの高校生は（87）という想定を放棄します。彼にとって（88）は関連性のある情報なわけです。なお，誤った想定の放棄は，多くの場合，新しい想定の獲得につながります。この高校生も（88）によって日本海海戦の時期や山本五十六の年齢

等々について新しい想定を得ています。

さ，いよいよ（84c）の番です。「**コンテクスト的含意**」は次のように定義されます。

（89）　想定の集合 P は次の条件（ i ）-（iii）下で，かつその条件下においてのみ想定 Q をコンテクスト C においてコンテクスト的に含意する[注 18]。

（ i ）　P と C の和集合[注 19]が Q を非自明的に含意[注 20]し，

（ii）　P は Q を非自明的に含意せず，かつ

（iii）　C は Q を非自明的に含意しない。

A set of assumptions P *contextually implies* an assumption Q in the context C if and only if

（ i ）　the Union of P and C non-trivially implies Q,

（ii）　P does not non-trivially imply Q, and

（iii）　C does not non-trivially imply Q.

Sperber and Wilson（1995）p. 107–108.

何だか難しそうですねえ。でもご心配なく。これから実例を使った説明をし，また（89）をもっと普通のことばでの言い換えをします。

A さんという人が，相撲好きで○○山のファンである友人の B さんに

（90）　○○山が優勝したら一杯おごるよ。

と言われていたとします。A さんは特に相撲好きでもないのでその場所の動きに注意していなかったのですが，千秋楽の日に B さんから電話があって

（91）　オイ，○○山が優勝したよ。

と知らされました。これを聞いたAさんは

(92) B君におごってもらうことになった。

という考え，つまり想定を持ちます。ここでは次の形の推論が行われたわけです。

(93) ○○山が優勝したらBさんはAさんに一杯おごる。 (前提1)
○○山が優勝した。 (前提2)

Aさんは B さんにおごってもらえる。 (結論)

例 (93) を (89) に当てはめて考えれば，P は発話 (91) [前提2] で，C が発話 (90) [前提1]，Q が想定 (92) [結論] ですね。順序を換えれば，(93) の第1行がC，第2行がP，第3行がQ，ということになります。(93) の第3行はコンテクスト的暗意の1つの例なのです。なお，「コンテクスト」という語は漠然とした意味で使われることが多いのですが，関連性理論では (34) という明確な定義の基に用いられるのでしたね。

(34) 発話を解釈する時点で聞き手が想起でき，推論の前提とすることができる想定。

仮に聞き手が以前から知識として身に付けていたことであっても，発話や発話解釈の時点で頭の中に想起できなければそれはコンテクストではありません。相手が歌手○山×子の大ファンであることを以前に聞いていたにもかかわらず，発話の瞬間にうっかり忘れていたため「○山×子？ 顔がちょっと可愛いんで今は少し売れてるけど，本当の音楽性がまるきりないんで，成功は無理だ。来月あたりはくすぶり組(ぐみ)だね」などと失言してしまう場合，「相手が○山×子の大ファンだ」という想定は，その時点ではコンテクストではないわけです。

つまり（89）の言っていることは，（93）の場合を例として見るとおり，比較的簡単なことなのです。（89）をもっと普通のことばで言い換えると（94）のようになります。

（94）　コンテクスト的含意
　（ⅰ）　聞き手が前から持っていたコンテクストだけからは得られず，
　（ⅱ）　相手の発話だけからも得られず，
　（ⅲ）　コンテクストと相手の発話の双方を前提とした推論によって初めて得られる想定。

上のＡさんが（90）を以前に言われたものの，（91）を聞かされなければ，（92）の想定は出て来ません。これが（94i）の場合ですね。（90）をまったく言われなかったＣさんは，（91）を聞かされても「ああ，それはよかったね」と返事をして，一体何のつもりでＢはそんな電話をかけてきたのだろうと思うだけで（92）の想定には至りません。Ａさんにしても，もし（90）をすっかり忘れていたら，（91）に対する反応はＣさんと同じです。これが（94ii）の場合です。もしＡさんが（90）をちゃんと覚えていて（91）を聞いたなら，（90）と（91）を併せた推論によって（92）という想定を得ます。これが（94iii）のケースです。

6.2　関連性原理

発話がその受け手にとって関連性を持つのは，（84a，b，c）の３つの条件のいずれかを満たす場合で，かつ，その場合に限られるのでしたね。関連性がそうした力を持つのは，ヒトの認知が，つまり人間の頭の中がそのようにできているからだ，というのが関連性理論の見方です。この点を原理として捉えたのが「関連性原理Ｉ」です。

(95) **関連性原理Ⅰ（認知的関連性原理**：cognitive principle of relevance）
人間の認知は関連性を最大にするように働く性質を持つ。
Human cognition tends to be geared towards maximization of relevance. Sperber and Wilson (1995) p. 260.

「認知」とは「さまざまな想定を持っている状態，想定を増加・改善させたいという欲求，その増加・改善を行う場合の頭の働き」を指すことばと言っていいでしょう。(95) は発話解釈だけでなく，人間の認知一般に当てはまる原理です。

7 関連性理論の科学性

関連性理論は科学です。それも物理学や化学のように「自然科学的な科学」なのです。ここではこの理論の「科学性」的特徴を数え上げましょう。

7.1 亜人格性

1.2 で見たように，飲み会の幹事Ａ君がＢ君に出欠を訊き，Ｂ君が (29B) という答えをしたとすると，Ａ君はその答えを (30) と解釈するのでしたね。

(29B) 実はその日は弟の結婚式なんだよ。
(30) Ｂ君は飲み会には出ない。

語用論過程による発話解釈は一般的に言ってどのような手続きを経るのでしょうか？ 関連性理論学者の第２世代に属するカーストンの見解を聞いてみましょう。

(96)　a. 聞き手（読み手）は，発話の解釈（曖昧性除去，指示対象指定，強化，コンテクスト想定等）を，接近可能な順序でおこない（つまり，認知効果を計算する上の努力が最小になるような道をたどり），

b. 予測された関連性のレヴェルに達したら解釈を打ち切ること。［傍点今井］

a. Consider interpretations (disambiguations, reference assignments, enrichments, contextual assumptions, etc.) in order of accessibility (i.e. follow a path of least effort in computing cognitive effects),

b. Stop when the expected level of relevance is reached.

Carston (2002) p. 143.

(91) から (92) という解釈を得るのも，また (29B) から (30) を理解するのも，(96) に従っていますね。世の中には極端に「鈍い」人がいて，(91) から (92) への道筋，(29B) から (30) への道筋がつかめない人がたまにいます。読者諸賢がこういう人にそうした「道筋」を教えるとしたら，どうしますか？　次のような説明が必要でしょう。

(97)　前提1：人は，自分の弟の結婚式と飲み会が同日になったら，前者を優先させる。

前提2：話し手の弟の結婚式と飲み会が同日になった。

結論　：話し手は前者を優先させ，飲み会には出ない。

けれども，これはあくまでも分析的・再現的推論です。読者諸賢が (91) から (92) を，あるいは (29B) から (30) を推論する場合，(89) や (97) のような，面倒くさい，非能率的な道筋はたどらないはずです。(91) を聞けばたちどころに (92) の解釈を得，(29B) に接すれば瞬時に (30) という結論に達するのです。ということは，普通の人は，つまり，

上で触れた“極度に鈍い人”を除けば，(96) に示された「迅速な」推論 (≒解釈) を行います。(96) 的な発話解釈を「**亜人格的推論**」と呼びましょう。

「**亜人格的** (sub-personal)」と「**人格的** (personal)」との違いは何でしょう？　ヒトが何かをするとき，そこには人格的行為と亜人格的行為の差があります。確定申告をする義務のある人がその「理由」に基づき，決まりに従ってどういう収入がいくらあったか，どういう経費が掛かったか，控除として認められるのは何かをまとめ，申告書を作って国税庁に申告をするのは，その人が意識的・自発的に行う行為なので，これを人格的行為と呼びます。それに対して発話の解釈は，ほとんどの場合，なんらかの入力を「原因」として，自律的に，機械的に，つまり，本人の意識にまったくと言っていいほど上らずに起こるのです。これが「**亜人格的推論**」なのです。意識に上らない，つまり“頭に浮かばない”という意味で「**非思慮行使的** (irreflective)」な推論とも呼ばれます。

人格的な行動 (推論を含みます) は，そのままでは科学的研究の対象とはなり得ません。状況や行動を亜人格的な要素に還元できたときにはじめて，科学的説明の可能性が生まれるのです。ここに，関連性理論の「科学性」の特徴の 1 つがあるのです。

7.2　心の理論

聞き手は話し手の言う意味を推論によって理解します。どうしてそれが可能なのでしょう？　人間には「**心の理論** (theory of mind)」があるからです。心の理論とは「他人の心，他人の認知環境を読み取る能力」のことです。心の理論があるからこそ，聞き手は，話し手が (35) の bank で「銀行」「土手」のどちらを意味しているかがわかるのですし，(38) の「役人は馬に乗って逃げる盗賊の首領(かしら)を追いかけた」では，馬に乗っているのが役人と盗賊の首領のどちらを話し手が指しているかがわかるのですし，飲み会の幹事 A 君は B 君の答え (29B)「実はその日は弟の結婚式なんだよ」を聞いて「B君は飲み会には出ない」と結論できるのです。“前後関係からわかることじゃないか”という声が上がるかもしれません。確かに前後関係が必要な場合が多いのは確かです。しかし脈絡だけでは足りないのです。解釈をする側に心の理論がなければなりません。アスペルガー症候群，ウィリアムズ症候群，カクテルパーティー症候群，自閉スペクトラム症（Autism Spectrum Disorder; ASD）等の疾患を持つ人は，ほとんどの場合，心の理論がまったくなかったり，あっても希薄なので，こうした推論ができず，したがって発話に接しても話し手の意味するところが理解できないのです。

自閉スペクトラム症は先天的な発達障害の1つで，他人との交わりやコミュニケーションに障害を持っています。①他人からの働きかけにどう対応してよいかわからず，②自分も他人にどう働きかければよいのかわかりません。一方で，③限定された物事や対象に特に強い興味集中を示すこともあります。乳児期のごく初期から，他の子供や大人が興味を持って視線を向けている対象に視線を合わせることがないなど，他者の興味を共有することがなく，小学生になっても，友達ができにくい，級友との関係が一方的だったり，教師の指示を無視する，言語表現が不得意である等の症状が見られます。このためかつては「出来の悪い子」「変わった生徒」として扱われることが多くありました（今では以前より理解が広がっていますが)。「アスペルガー症候群（Asperger Syndrome)」とはこういう人々の症状に以前から使われていた名称です。

心の理論がないと「他人が自分とは異なった考えを持っている」ことが理解できません。この理解度を試す手段として「間違った考えテスト（The “False Belief” Test)」という方法が昔からあります。その1つである「サリーとアン」テストを紹介しましょう。図1を見てください。

被験者である子供たちが2つの人形によって演じられる簡単な「お話」を聞かされます。一方の人形サリーがビー玉を自分の前にあるバスケットに入れてから部屋を出ていきます。するともう一方の人形アンがそのビー玉をバスケットから出して自分の前にある箱の中に隠します。サリーはそ

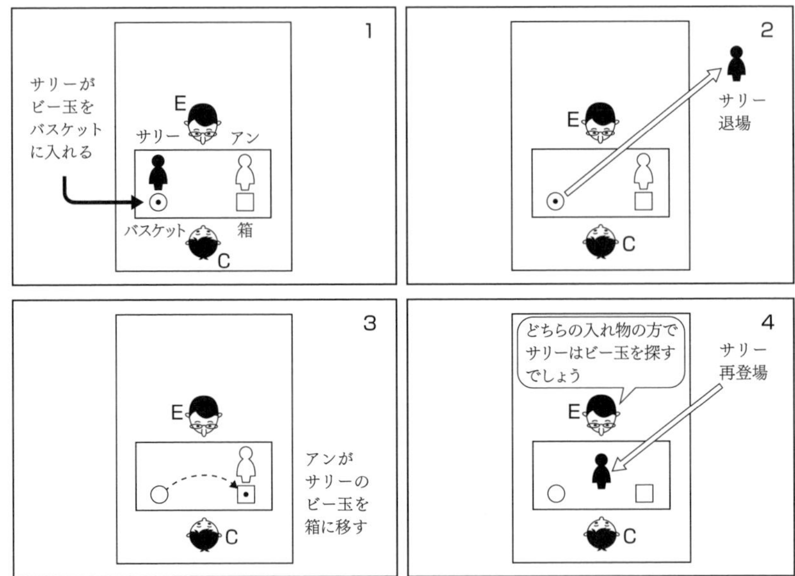

図1　「サリーとアン」テストの概念図。子ども（C）は実験者（E）に対面して座り，1ではサリーがビー玉をバスケットに入れるのを見る。（今井邦彦『なぜ日本人は日本語を話せるのか』大修館書店から）

の後また部屋に戻ってきますが，そのとき子供たちはサリーがビー玉を求めてどちらの入れ物の中を見ると思うかと訊かれます。4歳児たちはバスケット（つまりサリーが最初に入れた方）と正しい答えを出します。この子たちはビー玉がアンの箱に移っていることを知ってはいますが，サリーがそれを知らないことが理解できます。一方，3歳児たちはサリーはアンの箱を見る，と言い張ります。ビー玉がアンの箱に入っていることを自分たちが知っているからです。3歳児たちには，「間違った考え」だと自分たちにわかっている考えをサリーが抱いていると察することができないのです[注21]。

7.3　モジュール

これまでの話を復習しますと，発話解釈は，亜人格的な心の理論に従って，(96) の手順で行われる，ということになります。この手順は，自律的，無意識的，非思慮行使的です。これを言い換えると，発話解釈は「**モジュール** (module)」であると言えます。モジュールとは何でしょうか？

関連性理論の主張を簡易に表現すると次のようになります。

(98)　人は，他人が自分に向かって発話すると，その発話には関連性があると考え，非思慮行使的に (＝亜人格的に) 解釈を始める。その解釈方法も非思慮行使的であり，かつ極めて迅速である。

つまり，聞き手は「さあ，解釈しよう」と思わないのに，言わば「頭の方が勝手に解釈を始めてしまう」わけです。これはちょうど，ある程度の運動をすると，本人が別に肺や心臓に指示を与えなくても，肺は肺胞内の空気から血液中に取り入れる酸素を増やし，心臓は拍動を速めて心室が肺や全身に送り出す血液を増やすように働き始めますが，それと同じことなのです。別の例を挙げましょう。食べ物を食べれば，消化器は勝手に反応して，それを消化します。消化器の持ち主が「今日は昼飯を食べる時間がなさそうだから，この朝飯の消化はゆっくりにして空腹を防ごう」と願っても，そうはいきません。これも同じことですね。要するに，非思慮行使的 (＝亜人格的) で迅速な「作業」を行う機能単位をモジュールと呼ぶのです。肺や心臓，消化器官はそれぞれモジュールであり，発話解釈 (＝語用論過程) もまたモジュールだ，とうのが関連性理論の主張なのです。

40年ほど前に，Fodor (1983) という，版も小ぶりでページ数も少ない小型本が「認知体系 (＝心) のモジュール論議」ともいうべきものを引き起こしました。この本でフォウダーはモジュールを性格づける性質を9種挙げていますが，ここでは関連性理論が採用する発話解釈モジュールの特徴を3つ挙げておきましょう。

7.3.1　領域特定性

視覚と聴覚は別々のモジュールですから，目で音を聴いたり，耳でものを見たりすることはできません。これがモジュールの持つ領域特定性です。「**特異性言語障害**（specific language impairment）」という症候があります。あるイギリス人の家系の中には，過去形や進行形が正しく使えず，(99)，(100) のような発話を始終してしまう人がいます（'*' は非文法性の印，〈　〉内は本来使うべき正しい文)。

(99)　*I watch television yesterday.
〈I watched television yesterday.〉

(100)　*John is play tennis./*John playing tennis.
〈John is playing tennis.〉

この人たちには知的障害もなければ，言語発達を妨げる難聴などもありません。指導者が watch を watched に直す訓練を施すと，次からはその動詞の過去形・過去分詞形だけは使えるようになるのですが，他の動詞では，(101) に見るとおり，またまた現在形を使ってしまうのです。

(101)　Yesterday I *wake 〈woke〉 up, *get 〈got〉 *dress 〈dressed〉 and watched television.

つまりここには言語使用能力の，他の認知能力からの領域特定性があるのです。

Smith and Tsimpli (1995) で有名になった 1962 年生まれのイギリス人クリストファーの場合も好例です。世間には「サヴァン (savant)」と呼ばれ，他の面では平均以下の知能しかないのに，ある 1 つのこと関しては「天才の断片」を持つ人がいます。「断片」は美術だったり，音楽だったり，野球の打率計算だったり，また，「1997 年の 3 月 22 日は何曜日だったか」という問いに，何の資料も見ることなしに頭の中の計算だけで直ちに答えられる能力だったりします。クリストファーの「断片」は言語なのです。彼は衣服の着脱もままならないし，１人で外出すると必ず道に迷ってしまうので，幼い時から養護施設に住んでいます。普通の５歳児なら必ず正答する問題（同じ数の珠を通したひもを２本用意し，ひもに通っている珠の数が同じかどうかを判断させる問題）を何度やっても間違えます（珠の間の間隔を同じにしてやれば同数と答えたのですが，片方のひもの間隔を広くするとそちらの方が珠の数が多いと例外なしに答えたのです）。それなのに彼はなんと20にも及ぶ外国語を話し，聞き，読み，書くことができるのです。まさに言語使用能力が持つ，他の認知能力からの領域特定性の例です。

そのクリストファーの言語使用能力にも弱点があります。ジョークやアイロニー，メタファー，修辞疑問文（「僕が君に意地悪をしたことがあるかい？」など）が理解できないのです。これは彼がいくぶん自閉症的で「心の理論」が希薄だからです。彼は「サリーとアン」テスト（上記図１の説明を思い出してください）を何度やっても不合格です。他人の持つ考えを察する能力が不足しているために，自分でもウソをつかないだけでなく，他人のウソを見破る力もありません。「ごっこ遊び」もできませんし，他人の「ごっこ遊び」にも理解が及びません。実験者であるスミスとツィンプリがクリストファーの前でバナナを受話器に見立てて電話ごっこをしました。そのあとスミスが「さっき私は何をしてた？」と訊くと，クリストファーは「バナナを耳に当ててた」と答えました。「なぜそうしてたのかな？」と問うと，彼の答えは「わかんない」だったのです。彼の言語使用力は，心の理論から離れた領域特定性を持っていることがわかります。

ウィリアムズ症候群（Williams Syndrome）という症状があります。この障害を持つ人は靴の紐がうまく結べなかったり，お金の勘定ができず，また空間的感覚に弱くて，たとえば自転車を部分化した絵を組み合わせて自転車全体の絵にまとめるテストに合格できません。けれども言語使用能力は低くなく，たとえば動物の名前を挙げてごらんなさいと言われると，イヌやネコのようにありふれたものだけではなく，ユニコーン，プロントザウルス，ヤク，トド，ハゲタカといった名前を次々と出してくるのです。文法の方もしっかりしていて，誤文訂正さえやってのけます。次の（102）はウィリアムズ症候群を持つ少女が脳スキャニングを受けるさまを描写した発話ですが，まったく異常なし，ですね。

（102） 磁気を帯びた大きな機械があるのです。脳の中の写真を撮りました。口を利くのは構わないのですが，頭を動かしてはいけないのです。頭を動かすと全部駄目になって初めからやり直さなければならなくなるからです。全部終わるとコンピューターで脳を見せてくれます。脳がどのくらい大きいかをその人たちが調べるんです。その部屋の反対側にある機械はコンピューターから写真を取り入れるんです。すぐに取り入れます。うーん。本当に面白かった。

There was a huge magnetic machine. It took a picture inside the brain. You could talk but not move your head because that would ruin the whole thing and they would have to start all over again. After it's all done they show you your brain on a computer and they see how large it is. And the machine on the other side of the room takes pictures from the computer. They can take pictures instantly. Oh, and it was very exciting. Smith (2002).

ウィリアムズ症候群は，言語と言語使用能力が，他の認知能力に対して領域特定性を持っていることを示していますね。

「カクテルパーティー症候群（Cocktail Party Syndrome）」という障害があります。この症状の持ち主は，衣服の着脱さえ意のままにならず，ものを選り分けられず，金銭の計算が駄目で，自分の年齢さえわからないことがありますが，極めて流暢にしゃべるのが特徴です。（103）はローラというカクテルパーティー症候群の少女の発話ですが，（102）と違って，その場の状況とは無関係だったり，話し手自身にも意味のわからない言葉が混じっていたり，多弁・冗舌が激しすぎますね。

(103)　お父さんにとってちょっと馬鹿なことだったのよ。で，お母さんは，えーと，お札を３枚持ってたの。１枚はこれから話すとても良い友達（の）パンツ屋だった。で，ちょっと難しかったわ。それで警察がお母さんを（そこ）から引きずり出して，本当のことを言ったのよ。だからあたし言ったの。“その中に友達が２人いるのよ”って。警察はお母さんを引きずった（のであたしは言った）。彼はあたしたちが生きている間は絶対あんたたちのことなんか思い出してやんないぞって。それでお終い。お母さんはすごく怒ってた。

It was kind of stupid for dad, an' my mom got um three notes, one was a pants store, (of) this really good friend, an' it was kind of hard. An' the police pulled my mother out of (there) an' told the truth. I said "I got two friends in there!" The police pulled my mother (and so I said) he would never remember them as long as we live! An' that was it! My mother was so mad!　　Smith (2002).

ローラの発話は，ウィリアムズ症候群の人のそれと違って，相手に何かを伝達するために発せられているとは考えにくいですね。事実，彼女は相手に質問されると，無関係で不適切な答えをするそうです。と言って，(103) が単語が文法によって結び付けられた「文」の集まりであることは否定できません。ということは，ウィリアムズ症候群の人が「言語形式形成能力」とその形式の「使用能力」の両方を備えているのに比べ，カクテルパーティー症候群の人は，前者は備えているが後者を欠いている，ということになります。カクテルパーティー症候群の人の言語形式形成能力は，言語関係を除く認知能力からの領域特定性だけでなく，言語形式使用能力からの領域特定性を持っている，と言えそうです。これは，少し先取りになりますが，第2章で扱う，「生成文法と関連性理論の考究対象の差」と関係していると思われます。

7.3.2　義務的操作性

あなたが嫌いなタイプの音楽が流れてきたとしましょう。嫌だから聴こえないようにしたいと思っても，聴覚を停める（?）わけにはいきません。その音が聞こえないところに逃げ出すか，せいぜい両手で耳をふさいで，聞こえてくる音量を下げるしかありませんね。テレビを見ていたら不愉快な人物が出てきた場合，姿を見たくないと思っても，視覚そのものの制御でそれを行うことは不可能です。目をつむるか，チャネルを替えるか，テレビを消すしかありません。聴覚も視覚もモジュールですから，「**義務的操作性**」，つまり持ち主の意思にかかわりなく働いてしまう性質があるのです。

発話解釈能力にも義務的操作性があります。すみませんが，刑事被告人になったと想像してください。検察官や検察側証人の発話は，あなたにとって不利であり不快であるに決まっています。だからそんな発言の意味解釈はやめよう，という訳にはいきません。あなたの頭脳は自動的に働いて，不愉快な内容の意味解釈をしてしまいます。

7.3.3　操作過程の迅速性

スピーチ・シャドウイング（言語追尾法：speech　shadowing）という作業があります。通例，録音されたことばにすぐ続けてそのことばを復唱する作業です。脳科学・心理学研究のほか，第二言語学習へも応用されています。Fodor（1983）は Marslen-Wilson（1973）を根拠に，被験者の中にはことばの音声記号だけでなくその内容理解も極めて速い人がいることを指摘していますが，私たちの日常的経験から見ても，健常な人がたとえば(29B)（実はその日は弟の結婚式なんだよ）のタイプの発話から（30）（B君は飲み会には出ない）という結論を得るのは極めて迅速，というか即時と言っていいでしょうね。

8　関連性理論以外の語用論

8.1　科学性不徹底

2 で述べたように，日常言語学派に属したオックスフォード大学の哲学者オースティンは，「言語行為理論」を生み出し，これが言語研究史上最初の本格的語用論となったのでしたね。そのあと，同じくオックスフォード大の哲学者グライスが，「グライス理論」を唱え，そのあとホーン，レヴィンスンを中心とする「新グライス派語用論」が起こったのでした。

この三派が，関連性理論に先立つ主な語用論理論と言えます。歴史的価値はあるものの，関連性理論に比べると，科学性が不徹底だったと言うほかありません。その点について順次述べましょう。

8.2　言語行為理論

オースティンの理論が登場するまでの言語研究（1.1 で言及した理想言語学派のそれを含みます）では，対象となるものは「ものごとを叙述し，したがってその内容が真か偽かを問える文」に限られていた，と言えます。「馬に乗れ」のような命令文とか，「筑波大附属高校は東京のどの辺にあるのですか？」のような疑問文，「富士山は何と美しいのだろう！」などの感嘆文は，物事を叙述しているのではありませんね。だから真か偽かの判断はできません。つまりそれまでの言語学では，研究対象から外されてしまうのです。

オースティンの新しさは，ことばの役割は出来事や状態を叙述することだけにあるのではなく，「行為（act)」である場合もあることに注目した点です。命令文は相手に「命令・依頼をする」行為ですし，疑問文は相手に「返事を乞う・強要する」行為です。平叙文でも次のような場合は行為を行っていると言えます。

(104) a. I name this ship H. J. M. S. Yamato.（本艦を帝国戦艦・大和と命名する。）

b. I sentence the accused to five years' imprisonment.（被告を５年の禁固刑に処す。）

c. I promise I'll return the book by the end of this month.（私はこの本を今月末までに返すことを約束します。）

この理論では，最初，(104) のような「行為を行う文を「**遂行文** (performative sentences)」と呼び，

(105) I am a cat. I have no name as yet.（吾輩は猫である。名前はまだ無い。）

のように，事実や状況を記述している文を「**事実確認文** (constative sentences)」と呼んでいましたが，事実確認文も記述・伝達という「行為」を行っているので，やはり遂行文と同じである，つまり文とはすべて遂行文なのだと考えられるようになりました。

発話は，文または文を省略した言語形式 (Where did he go? という問いへの答え "To the bank." など) から成ります。言語行為理論では，発話の真偽ということは問題になりませんが，発話が適切か不適切かが問題になります。発話には「**適切性の条件** (felicity condition)」が求められるのです。(104a) が適切であるためには，発話者がこの軍艦の進水式で命名者という資格を与えられていなければなりませんし，この発話が進水式の式次第の上で適切な段階でなければなりません。(104b) が適切であるためには，この発話が担当の判事によって発せられる必要があります。発話時期も裁判の適切な段階でなければなりません。(104c) については，発話者は特定の本を借りた人物でなければなりません。

オースティンは言語行為を次の３種に分けました。

（106）　a. **発語行為**（locutionary act）［何らかの言語形式を何らかの意味で発話すること］
b. **発語内行為**（illocutionary act）［発話をすることにより何らかの行為――命名，宣言，約束，要請，記述，警告，脅し等々――を行うこと］
c. **発語媒介行為**（perlocutionary act）［発話をすることにより相手に何らかの効果を及ぼすこと］

たとえば，

（107）　I warn you not to send SMS messages or the like to my daughter again.（私の娘に二度とショートメッセージを送るなどのことをしないよう警告する。）

という発話をしたお父さんは，（107）という**発語行為**を行い，その結果「警告」という**発語内行為**を行い，それによって相手を「落胆させる」「警戒させる」等の**発話媒介行為**をしたことになります。

言語行為理論にはやがてサール（John Searle, 1932-），ヴァンダーヴェーケン（Daniel Vanderveken, 1949-）らに引き継がれます（これらの学者の主著にはSearle（1969），Searle and Vandervekenn（1985），Vanderveken（1994）*などがあります）。これに伴って，発語内行為は（108）の５種に分類されました。

（108）　a. 表示型（Representatives）：断定，主張，結論，報告など。
b. 行為指示型（Directives）：命令，忠告，依頼など。
c. 行為拘束型（Commissives）：約束，脅し，誓いなど。
d. 感情表現型（Expressives）：謝辞，祝辞，避難など。
e. 宣言型（Declaratives）：船舶の命名，裁判の判決，恩赦布告など。

この分類には重複があるのではないか，逆に，これだけの種類で足りるのか，が問題です。まず，「以上の事情からすれば，君は退職すべきだ」という発話は，結論でもあり，忠告でもあり，あるいは脅しとも取れますね。つまり表示型，行為指示型，行為拘束型の少なくとも3種にまたがっています。一方で，(49a)［下に再録］のメタファーや，(61B)［下に再録］下線部のアイロニーは，(108a〜e) のどこかに収まるのでしょうか？

(49a)　お殿様だねえ，彼は。

(61)　A. 寺井はアメリカ史に詳しいね。
　　　B. そうとも。寺井はアメリカ史に詳しいよ。初代大統領がワシントンだったことさえ知っているくらいだ。

どこにも，納得のいく形で収まりませんね。

言語行為理論のリクツは発話の成功を保証していません。一般に同一の条件が与えられても，人間がどのように反応するかは予知できないのです。たとえば太郎君が花子さんにある発話をしたとしましょう。この時花子さんがにっこり微笑んで太郎君の胸に顔をうずめるか，怒って太郎君のほっぺたをピシャリとやるか，発話の不適切性を冷静に太郎君に説くか，黙ってその場を立ち去るか，等々のことを正確に予測するのは不可能ですよね。言語行為理論が，それまでの，言語研究の対象となるものは「その内容が真か偽かを問える文」に限っていた真理条件説を排除したことは称賛されるべきです。しかし現代的観点からすると，言語行為理論を，そこから予知を導けないような原理・原則として立てたことは，科学として不徹底だったと言わざるを得ません。関連性理論と違い，発話解釈をモジュールとして見なさず，モジュールの解明を研究目標として設定しなかったことが，言語行為理論の不徹底であったということになります。

8.3　グライス理論

グライスは「発話の理解・解釈のためには，“話し手の意味”（speaker meaning：話し手が伝達しようとしている意味内容）を，聞き手が**推論することが不可欠**である」ことを明白に主張した最初の学者と言えます。つまり関連性理論は，その根底の一端をグライス理論に負っていることになります。グライスはまた，「**会話の含意**（conversational implicature）」という概念を導入したことでも知られています。この場合の含意とは「**含意されたこと**（what is implicated）」とも呼ばれ，「**言われたこと**（what is said）」と区別されます。「言われたこと」は関連性理論の「語用論過程」の一部の先駆けをなすもので，発話に 1.3.1 で扱った「曖昧性除去」と 1.3.2 で述べた「飽和」を施した（つまりたとえば He went to the bank. の bank が銀行か土手か，He は誰を指すかを明らかにした）ものです。言い方を替えれば，グライス理論の含意とは，発話によって伝達されることのうち，「言われたこと」を除くすべてを指す，と言えます。つまり，グライス理論の「言われたこと」には，関連性理論の語用論過程であるアドホック概念構築や自由補強で得られたものは含まれないことに注意してください。そして，グライス理論の含意とは，発話によって伝達されることのうち，「言われたこと」を除くすべてを指すわけですから，アドホック概念構築や自由補強で得られたものはグライス理論の含意になるわけです。この点で，関連性理論で明意とされていたものの一部が，グライス理論では含意とみなされることに注意を払う必要があります。

さて，含意はまず「**規約的含意**（conventional implicature）」と「**非規約的含意**（non-conventional implicature）」に分けられます。規約的含意とは，「言語形式によって符号化されている」含意を指します。たとえば，

（109）　a. It's early in the evening.
　　　　b. The restaurants are closed.

は a., b. どちらも「言われたこと」です。一方，これを but, so, moreover という連結語でつなげた

(110) It's early in the evening, but the restaurants are closed.（夕方なのにレストランがみな閉まっている。）

(111) It's early in the evening, so the restaurants are closed.（夕方なのでレストランがみな閉まっている。）

(112) It's early in the evening. Moreover, the restaurants are closed.（夕方だ。おまけにレストランがみな閉まっている。）

は連結語のおかげで，それぞれ

(110′)（109a）と（109b）は対照をなしている。

(111′)（109a）は（109b）を説明する。

(112′)（109b）は（109a）に付加されている。

という規約的含意を持つようになります。ただし，(110)，(111)，(112) が持つ「言われたこと」はあくまで（109a）と（109b）を合わせたものに過ぎない，というのがグライスの考え方でした。

日本語の例も加えましょう。

(113) a. 治男でさえ合格した。
b. 治男も合格した。

の a と b は，どちらも，「治男が合格した」を，「言われたこと」として持っていますが，規約的含意は両者で異なります。「治男でさえ合格した」という発話をする人の中には，必ず，「治男は合格しそうになかったのに」という気持ちがありますね。一方，「治男も合格した」という発話をする人は「他の人も合格した」という事実を知っているので「も」という助詞

を使っているわけです。つまり（113a）と（113b）には，それぞれ，次の（113′a）と（113′b）に示した規約的含意が“付いて”いるわけです。

（113′）　a. 治男は合格しそうになかった。
　　　　b. 治男以外の人も合格した。

非規約的含意は，**会話の含意**（conversational implicature）と「それ以外の含意」に分けられます。会話の含意は

（114）　a. **一般的**（generalized）会話の含意（conversational implicature）
　　　　b. **特殊化された**（particularized）会話の含意

とに分かれます。「それ以外の含意」とは「**社会的道徳的**（socio-ethical）含意」を指します（これについてグライスは多くを語っていません）。一般的会話の含意は，

（115）　I broke a finger yesterday.
（116）　山田は汗をかいた。

などを例に説明されます。(115）の a finger が本来的に指すのは不特定のある1本の指で，必ずしも話し手の指を指すとは限りませんが，ここでの a finger は含意として話し手の指を指します。(116）の「汗」は山田の体から出た汗，と解釈されますが，それは，この2つの文がそれぞれ「この finger は話し手の finger である」，「その汗は山田の体から出た汗だ」という一般的会話の含意をともなっているからだ，つまり，特殊なコンテクストに依存していないからだ，というのがグライス理論の説明法です。格闘技の試合で相手の指を折ってしまった場合には（115）のような言い方はしませんし，(116）について言えば，“自分が他人の汗をかく”のは不可能です。

一般的会話の含意は，このように，特殊なコンテクストに依存しない含意を表すのですが，それに対して特殊化された会話の含意は（110)～(112）から（(110′)～(112′）から，と言ってもいいです）得られるのです。

(117)　a. この辺のレストランは夕方遅くでないと店を開けないのだな。
　　　b. 仕方がないからあと少し時間をつぶして夕飯はここのレストランで摂ることにしよう。

(118)　a. 夕方なのでレストランがまだ閉まっている。
　　　b. 何時から店を開けるのか聞いてみよう。

(119)　a. 夕方だ。おまけにレストランがみな閉まっている。
　　　b. さっき通り過ぎた飲み屋で夕食代わりにおでんでも食おう。

以上を図示すると（120）のようになります。

(120)

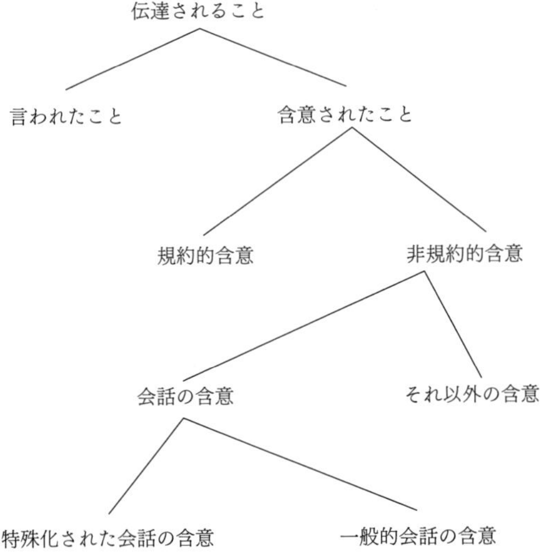

さて，グライス理論の根底を成すのは，(121) に示す「**協調の原理** (Cooperative Principle)」です。

(121)　会話が生ずる場面において，その会話における自分の貢献を，自分が参加している話のやり取りの中で合意されている目的や方向に正しく添ったものにせよ。
Make your contribution as it is required, at the stage at which it occurs, by the accepted purpose or direction of the talk exchange in which you are engaged. Grice (1975) p. 45.

つまり，会話というものは，参加者の協調の上に成り立っているもので，参加者は原理 (121) を心得ていて，かつ遵守(じゅんしゅ)している (会話への参加を放棄するのでない限り) のだ，というのがグライスの考えです。そしてグライスはこの原理を支えるものとして (122) に掲げる4つの「**格率** (maxims)」を立てています。

(122)　a. **量の格率** (Maxim of Quantity)：
1. 自分の貢献を，(その場の言葉のやり取りに目的からして) 要求されている量きっかりの情報を与えるものにせよ。
Make your contribution as is required (for the current purposes of exchange).
2. 自分の貢献を要求以上の情報を与えるようなものにしてはならない。
Do not make your contribution more informative than is required.

b. **質の格率** (maxim of quality)
上位の格率 (Supermaxim)：自分の貢献を真であるものにすべく務めよ。
Try to make your contribution one that is true.

下位の格率（Submaxims）：

1. 真でないと自分が知っていることを言ってはならない。(Do not say what you believe to be false.)

2. 十分な根拠を持たないことを言ってはならない。(Do not say that for which you lack adequate evidence.)

c. **関係の格率**（maxim of relation）：関連性のあることを言え。Be relevant.

d. **様態の格率**（maxim of manner）

上位の格率：明快な言い方をせよ。(Be perspicuous.)

下位の格率：

1. 不明瞭な言い方を避けよ。(Avoid obscurity of expression.)

2. 曖昧な言い方を避けよ。(Avoid ambiguity.)

3. 簡潔な言い方をせよ。(Be brief (Avoid unnecessary prolixity).)。

4. 順序立った言い方をせよ。(Be orderly.)

どうでしょう？　私たち人間は，果たしてこれらの格率を遵守しているでしょうか？　(29)（下に再録）の問答を思い出してください。

(29)　A. 今度の飲み会に出るかい？
　　　B. 実はその日は弟の結婚式なんだよ。

A 君は B 君の答えを聞いて，

(30)　B 君は飲み会には出ない。

と結論します。B 君は飲み会に出るとも出ないとも言っていませんね。つまり量の格率の 1. に言う「要求されている量きっかり」に満たない答えしか出していません。さらに B 君は欠席の理由（弟の結婚式）という，要求された以上の情報をA君に与えていますね。これは量の格率の2に対する違反ということになってしまいます。だからと言って（29）のB君の答えは例外でもなんでもなく，至極まともな発話ですよね。（123）に挙げるいわゆる「文字どおりではない」意味を持った文についても似たようなことが言えますね。

（123）　a. あの男はタヌキだ。［メタファー］
　　b. 年金からは介護保険料等，もろもろが天引きされる。有難い話だ。［アイロニー］
　　c. 1枚10万円？ 悪くない原稿料だね。［緩叙法（わざと控えめに言うこと）］
　　d. あいつは百万遍忠告しても競輪をやめない。［誇張法］
　　e. 太郎の結婚相手はバツイチらしいよ。［確実な証拠のない言明］

これらはいずれも「質の格率」の1. か2. に違反していますね。

（122c）の「関係の格率」では「関連性のあることを言え」とされているだけで，関連性の定義も説明もありません。これでは格率として不十分すぎますね。（122d）の「様態の格率」にしても，これに従うと，たとえば（29B）は不明瞭・曖昧さ・非簡潔の代表になってしまいます。「順序立った話し方」が，たとえばある出来事を報告する場合にはその出来事が起こった順番に話せ，という趣旨なら，妙な格率ですね。報告としては，出来事の結末から話し始めた方が効果的であることがよくあるからです。

ここまでの話だけを根拠に「だからグライス理論はダメだ」と決めつけては，早トチリだと言われてしまうでしょう。グライスは，上のような「格率違反」を基礎にして，いろいろなタイプの発話を説明しようとしているからです。彼は（123）のような「文字通りの意味を持たない」発話，つまり「レトリック（修辞学：rhetoric）的」発話は，話し手が協調の原理は遵守しつつも，4つの格率のどれか，特に質の格率と関係の格率に，誰にもわかるやり方で違反して見せた場合に生ずるのだ，と考えました。(124) はグライスが挙げている１つの例です。

(124)　Peter : John doesn't seem to have a girlfriend these days. (ジョンはこのごろガールフレンドがいないみたいだね。)
　　　Mary : He has been paying a lot of visits to New York lately. (最近ジョンはしょっちゅうニューヨークに出掛けてるわよ。)

メアリのことばは，一見するとピーターの言ったことと無関係に聞こえますね。つまり「関係の格率」に違反した発話に見えます。けれどピーターが「メアリは協調の原理を放棄していないはずだ」と考える限り，メアリは何か別のことをほのめかしているのだな，と推論します。その結果，ピーターはメアリが (125) を示唆していることに気づく，というわけです。

(125)　ジョンには新しいガールフレンドがニューヨークにいるらしいのよ。

(126) も見てください。

(126)　Frank : Where does René live? (ルネはどこに住んでいるんだい？)
　　　Lena : Somewhere in the south of France. (南フランスのどこかにいるみたい。)

リーナがニースとかアヴィニョン（南フランスの代表的都市）などの「明瞭で簡潔な答え」ができるのなら，様態の格率を遵守できるわけですが，実のところリーナはルネの居所を正確には知らないのです。だから具体的な地名を挙げればリーナは質の格率違反を犯すことになります。つまりリーナは様態の格率違反を犯すことによって質の格率違反を避けているわけです。でもフランクはリーナの協調の原理遵守を信じていますから「ははあ，リーナはそこまでしか知らないんだな」と納得する，という次第なのです。

さらに，快晴の中をピクニックに出かけたら，急に大雨になった，という状況で，ある人が，

(127)　What a lovely day for a picnic!（なんと素晴らしいピクニック日和でしょう！）

と言ったと想定しましょう。(127) の内容が質の格率に違反していることは明白ですね。そこで聞き手は (127) の文字通りの意味は捨て去り，

(128)　What a dreadful day for a picnic!（ピクニックだっていうのに，なんてひどい日なんだろう！）

という意味を受け取る，というのです。このように，あからさまに，相手にすぐわかる形で格率に違反することをグライスは格率に対する「**公然的無視** (flouting)」と呼んでいます。(127) や (123b) のようなアイロニー，(123a) のようなメタファー，(123c) のような緩叙法，(123d) のような誇張法は，格率の「公然的無視」によって生まれる，というのがグライスの主張なのです。

8.4　グライス理論の評価

前述の通り，グライスは「発話の理解・解釈にとって，“話し手の意味”（話し手が伝達しようとしていること）を，聞き手が推論 (inference) することが不可欠である」ということを初めて明白に表明した学者です。グライス理論がなければ，関連性理論の登場は不可能だったとは言いませんが，

もっと遅れていたことでしょう。グライスのこの功績は，いくら称賛しても称賛しきれません。けれども今日の視点からすれば，グライス理論にもいくつかの不備があったことも否定できません。

まずは，格率に対する「公然的無視」による説明から検討しましょう。(127) と同じ状況で，

(129) Did you remember to water the flowers?（花壇の花に水をやるのを忘れなかったろうね？）

はアイロニーですけれども，(122) のどの格率にも違反しているとは言えませんね。(61B) の「初代大統領がワシントンだったことさえ知っているくらいだ」もアイロニーの補助役を買っていますが，これまた格率違反とは言えません。

聞き手が相手によって言われたことを理解し，その含意を受け取る際は，「文字通りの意味を捨て去る」というグライスの主張は会話の含意一般に共通する特徴ではありません。(130) を見てください。

(130) A：マクラーレンは洒落た車です。お持ちになっては？
B：私は高価な車は買わないんです。

B氏は「マクラーレンは買わない」という含意だけではなく，「一般に高い車は買わない」という「文字通りの意味」も伝達していますし，A氏もそれを理解しています。だからA氏も「ではマゼラッティになさっては？」などという追い打ちはかけられないのです。このように会話の含意を持っているには違いないのですが，文字通りの意味が残っている例はたくさんあります。(131)〜(134) のメアリの発話には，すべて文字通りの意味が残っていると見るべきでしょう。

(131) Peter：I am out of petrol.

Mary：There's a garage round the corner.（すぐそこに修理工場があるわよ。）〈そこで入れれば問題解決よ。〉

（132）［＝(124)］Peter：John doesn't seem to have a girlfriend these days.

Mary：He has been paying a lot of visits to New York lately. 最近ジョンはしょっちゅうニューヨークに出掛けてるわよ。〈ジョンには新しいガールフレンドがニューヨークにいるらしいのよ。〉

（133）（電話が鳴っている）

Peter：Mary, will you get it?

Mary：I'm in the bathroom.（洗面所に入っているのよ。）〈だから電話に出られない。〉

（134）Peter：Is there anything I can do?

Mary：The garbage isn't out yet.（生ゴミをまだ出してないの。）〈ゴミを捨ててきてくれる？〉

〈　〉内に書いてあることが含意であることは間違いありません。でもその前に書いてある「文字通りの意味」が決して消え去らずに残っていることも，同じく，間違いありません。

どうやら，グライスの「協調の原理」と「格率」はもっぱら彼の言う「含意」のためにのみ存在している，と言えそうです。グライス理論では「あいつは若すぎる」が「あいつは校長になるには若すぎる」と解釈され，「この塩焼，生だ」が「この塩焼は生焼けだ」と解釈されることを説明する手立てがないのです。関連性理論だと，のちに見るとおり，曖昧性除去・飽和・アドホック概念構築・自由補強という４つの語用論過程が「明意」決定に大幅に活躍するのですが…。

よく検討してみると，グライス理論の諸格率に問題点がある，と言うか，そもそも必要性があるのかが疑われます。(122b) の質の格率から見ていきましょう。私たちはすでに (123) を通じて質の格率に違反する

「まっとうな」発話が数限りなく存在することに気付きました。数限りなく存在する文を格率違反で生み出す，というのは正しい説明とは言えませんね。量の格率についても同じことが言えます。(29B)（実はその日は弟の結婚式なんだよ）に相当する「まっとうな文」は，やはり数限りなく存在します。それを格率違反で説明しようというのは，やはり正しからざる説明法です。

様態の格率の不合理さを示す例には（126）のリーナの発話があります。彼女はルネの居所を本当に知らないのかもしれないし，実は知っているけれども何らかの事情でそれをフランクに告げたくない，あるいは告げられないのかもしれません。そういう現実の事情がリーナの答え方の原因なのに，それを違反としてしまう格率は格率としての資格に問題があります。これを関連性理論の説明法と比べてみましょう。「最適の関連性の当然視」を思い出してください。(82）を下に再掲します。

(82) a. 意図明示的刺激は，受け手がそれをプロセス（処理・解釈）する努力に値するだけの関連性を持っている。
The ostensive stimulus is relevant enough for it to be worth the addressee's effort to process it.
b. 意図明示的刺激は，送り手の能力と選択が許す範囲内で最も高い関連性を持つ。
The ostensive stimulus is the most relevant one compatible with the communicator's abilities and preferences.
Sperber and Wilson (1995) p. 270.

リーナの発話は，能力が許す範囲内（≒ルネの居所を詳しくは知らない)，あるいは選択（＝ルネの居所を相手に詳しくは教えないでおく）の範囲内で最も高い関連性を持つから，受け手のフランクはこの発話を亜人格的にプロセスするようになるのです。(122d）の1，2，3を「公然的無視」することによって含意を持つからではありません。(122d）の4. については，すでに述べたとおり，出来事の結末から話し始めた方が効果的であることがよくあるのですから，不適切な格率です。

あと（122c）の「関係の格率」が残っています。これも既述のとおり，「関連性」の，定義も説明もないので格率とは言えません。関連性理論は「関連性とは何か」を明確にし，関連性の存在が発話解釈の前提・誘因となっていることを立証していますね。すでに述べたとおりです。

グライス理論の不備を「モジュール」という観点から眺めてみましょう。関連性理論は，語用論過程をモジュールと見ています。つまり，曖昧性除去・飽和・アドホック概念構築・自由補強，そして暗意の獲得は，自律性，無意識性，非思慮行使性，迅速性を備えた過程と考えています。一方，グライス理論の協調の原理と諸格率は，話し手・聞き手が明白な意識のもとに遵守するものとされています。ピクニックの途中で起こった大雨の中でWhat a lovely day for a picnic! と発話することは，質の格率から離脱（opt out）することだとグライス理論は言います。意識的に遵守したり，意図的に離脱できるものは，非自律的，思慮行使的，意識的であって，モジュールではありません。グライス理論の不備の原因はここにあるのです。

8.5　手続き的符号化

(110)～(112)（下に訳文を除いて再録）を思い出して下さい。

(110)　It's early in the evening, but the restaurants are closed.

(111)　It's early in the evening, so the restaurants are closed.

(112)　It's early in the evening. Moreover, the restaurants are closed.

グライスによれば，これらは，but, so, therefore という接続詞・副詞によって，

（110′）（109a）と（109b）は対照をなしている。
（111′）（109a）は（109b）を説明する。
（112′）（109b）は（109a）に付加されている。

という規約的含意を持つようになるのでしたね。それに対し，ブレイクモアは Blakemore（1987）* と Blakemore（2002）* において「**手続き的意味**（procedural meaning）」という概念を登場させ，グライスの規約的含意の不備を排除しただけでなく，関連性理論に一層の進歩をもたらしました。

（110）〜（112）の early, morning, restaurants, opened などの単語や，それらのあるものを組み合わせた it's early in the evening とか the restaurants are closed などは「**概念的意味**（conceptual meaning）」を持っています。言い換えれば，「発話の論理形式」の「解読（decoding）」を助ける役割を果たすのです（たとえば（110）の論理形式を“普通の”ことばに直すと，反復のように聞こえますが，「もう夕方に入った。レストランは閉まっている」となるわけです）。それに対して but, so, moreover, however, therefore, on the other hand などは，概念を伝えるのではなくて，「**話し手が伝えようとしている意味に至る推論の仕方を聞き手に教える**」働きを持っています。これも言い換えれば，解読で得られた論理形式を材料として，これを「**完全な『命題』に発展させる**」働きを演ずるので，「**手続き的意味**（procedural meaning）」を持つ，とされます。この手続き的操作によって，（110）からは（110′）が生まれるわけです。概念的意味と手続き的意味の区別を設けた関連性理論はグライス理論を打ち破りました。どのような経緯からでしょう？

1988 年に亡くなって反論することが不可能なグライスに申し訳ないので，せめて説明の最初には彼が挙げていた具体例を用いることにしましょう。

（135） Bill is a philosopher and is, therefore, brave.

ただその次にはブレイクモアの発見に基礎を置いたカーストンによるグライス理論批判を引用せねばなりません。

(136)　ブレイクモアは，それら［but, moreover, therefore 等の項目］が，［グライスが説くように］他の何らかのレヴェル（含意）に対して概念的な貢献をするのではなく，聞き手が果たすべき語用論的推論に対するフィルター，ないし指標としての役割を果たしているようだということに気付いたのだ。たとえば，ブレイクモアの説明法をいくぶん簡単化して言えば，but という項目は（その「期待の否定」としての用法において），but の次に来る節の聞き手による処理に制限を加える。つまり，コンテクスト，すなわち，多くの場合 but の前にある節の中に存在するかもしれない命題を否認し削除する働きをするのだ。次の例のアンの質問に対するボブの答を見てほしい。

(116)　アン：『いつか晴れた日に』を観たいと思う？
ボブ：うーん。時代劇って大体退屈だよね。でもあの映画には大物俳優が何人か出てるのも確かだね。
Ann：Are you interested in seeing *Sense and Sensibility*?
Bob：Hmm. Costume dramas are usually boring, but it does have some great actors in it.

Blakemore found that rather than making conceptual contributions to some other level (implicatures), they appear to function more like filters on, or pointers to, the pragmatic inferences the hearer is to carry out. For example, simplifying her account somewhat, 'but' (on its 'denial of expectation' use) constrains the hearer to process the clause that follows

> it in such a way that it contradicts and eliminates a proposition potentially present in the context, most likely one derived from the preceding clause. Consider Bob's response to Ann's question in the following:
>
> Carston (2002) pp. 160-161.

次の Clark (2013) からの引用もブレイクモア説によるグライス理論の克服を示しています。

(137) グライスが描いた図には，「言われたこと」と「含意されたこと」の間の対照，規約的含意と会話的含意の間の対照，そして一般的会話の含意と特殊化された会話の含意の間の対照が含まれている。[すでに見たとおり] 関連性理論の中には一般的会話の含意と特殊化された会話の含意の間の対照は存在しない。この後は，「規約的含意」という概念がなぜ消滅したのか，また，これまで見てきた諸例が関連性理論の中ではどのように再分析されてきたかを見て行こう。[…]

グライスの接近法について，問題となる点を2つ指摘しよう。第1点は「規約的含意」には奇態な面がある，ということだ。「含意」の定義は何かを考えてほしい。含意が推論されるものであるならば，規約的含意なる呼び名には何の重要性もないように見えてくる。なぜなら，定義からして，規約的含意は言語という形で符号化されるものであり，推論によって得られるものではないからだ。一方，規約的含意が「言われたことには含まれない」のであれば，この術語がどの程度の動機から生み出されたのかが不明になってきて，規約的含意とは説明の根拠ではなく単なるレッテルに過ぎないと思えてくる。[…] 第2に，グライスの主張している意味的諸分析が，本書で問題にしているデータを説明するだけの程度に果たして達しているかが疑問である。例として単語 but を取り上げてみよう。

我々がすぐに指摘できることと言ったら，この語の意味分析に関してはまだ万人の一致した意見は出来上がっていないということだけだ。[…] but のような表現の意味が，我々にとって意識的な把握が不可能な内在化された手続きであるなら，そうした表現が何を符号化しているかを解明するのがこのように困難である原因を説明する基盤が見つかったことになる。[…] もしブレイクモアその他の，手続き的意味論を支持する人々が正しいとすれば，グライスの接近法は，概念的でないものを概念的な用語で説明しようとする試みでしかないということになるのだ。

The picture Grice developed, then, involves a distinction between 'what is said' and 'what is implicated', a distinction between conventional and conversational implicature. [...] [We've seen that] there is no distinction within relevance theory between generalised and particularised conversational implicatures. We will now see how the notion of 'conventional implicature' has disappeared, and how the examples have been reanalysed within relevance theory. [...]

[W]e will point out two issues with Grice's approach. First, there is something odd about the label 'conventional implicature'. What is the definition of an 'implicature'? If it means something that is inferred, then conventional implicatures do not seem to count, since, by definition, they are linguistically encoded and not inferred. If it means 'not part of what is said', then it is not clear how well-motivated this term is and it begins to look as if 'conventional implicature' is more of a label than an explanatory account. [...] Second, there is reason to doubt the extent to which the semantic analyses proposed will be able to account for the range of data here. Taking the word *but,* for example, one thing we might point out straight away is that there is still no agreed semantic analysis for this word. [...] [I]f the meanings of expressions such as *but* are internalised procedures which we do not have conscious access to, then this would help to explain why it is so difficult to explicate what they encode. [...] If Blakemore and other procedural semanticists are right, then Grice's account amounts to attempt to express in conceptual terms something which is not conceptual.

Clark (2013) pp. 314-315.

(138) 彼［＝グライス］は，彼の言う「言われたこと」は真理条件的意味のあり場所であり，伝達されている他のすべては含意だと考えているらしい。そして，含意というものは，言語によって符号化されている（規約的含意である）か，コンテクストの諸相に基礎を置くもの（一般的会話の原理に基づく含意か，特殊化された会話の原理に基づく含意）であることになる。[…]

しかしながらウィルスンとスペルベルは，Wilson and Sperber (1993)において，関連性理論のより新しい考え方によれば，手続き的意味が「真理条件的意味」や表出された命題に貢献するケース，そして概念的意味が非真理条件的意味に貢献するケースが確認された旨を明らかにしている。

It seems [...] that he [=Grice] is assuming that 'what is said' is the location of truth-conditional meaning and anything else communicated is an implicature. Implicature might be linguistically encoded (conventional implicature) or dependent on aspects of the context (generalized conversational implicatures or particularized conversational implicatures).

> If this is right, then to ask whether the conceptual-procedural distinction corresponds to, or can be reformulated as [...]
>
> However Wilson and Sperber (1993)* point out that more recent work has identified cases where procedural meanings contribute to 'truth conditional meaning' or to the proposition expressed, and cases where conceptual meaning contributes to non-truth-conditional meaning.
>
> Clark (2013) p. 317.

そしてクラークは，この引用のあと数ページを費やして，関連性理論が，手続き的意味を発見し発展させたことによって，進歩を示したことを報告しています。すなわち，(139)～(144) が示すとおりです。

(139)　**表出命題への概念的貢献**

たとえば I'd rather play football than watch it. の中の play, football, watch 等はいずれも複数の意味を持っていますが，それぞれがどの意味で使われているかを聞き手が判断することにより表出命題が決まってきます。

(140)　**高次明意への概念的貢献**

(i)　It's raining.

を Ken thinks it's raining [　].，Andy says that Ken thinks [　]. の [　] 部分に埋め込むと，

(ii)　Ken thinks it's rainig.

(iii)　Andy says that Ken thinks it's raining.

が出来上がります。(ii)，(iii) はどちらも It's raining. の高次明意ですね。また，埋め込みを行わなくても，聞き手が話し手の心を読み込めば，(i) を言われただけで，

(iv)　[I am expressing my own belief that] it's raining.

や（ii），（iii）のような高次明意を推論します。

さらに，honestly, frankly 等の副詞も，say, know 等の思考や発言を表す動詞も高次明意を作り出す働きをします。（v）〜(viii）からは，それぞれ（v′)〜(viii′）という高次明意が導かれるのです。

（v） Honestly, it's raining.

（v′）I am telling you honestly that it's raining.

（vi） Frankly, I don't think that top suits you.

（vi′）I am saying frankly that I don't think that top suits you.

（vii） It's raining.

（vii′）John says it's raining.

（viii） It's raining.

（viii′）John knows it's raining.

（vii′）は What does John say? という質問への答，（viii′）は Does John know it's raining? という問いへの答と考えると理解しやすいでしょう。

（141） 暗意への概念的貢献[注22]

次の（i）と（ii）を比べてください。

（i） John went into town for his lunch. He was late back to the office.

（ii） John went into town for his lunch. The rascal was late back to the office.

（ii）の方が（i）よりも指示対象の特定に「手間がかかる」代わりに（iii）という「暗意的前提」を得ることを可能にします。つまり聞き手は（ii）の the rascal によって，話し手がジョンをしょうがない奴だと考えていることを知るわけです。

（iii） John is a rascal.[注23]

（142） 表出命題への手続き的制約

次の２文を比べましょう。

（ｉ） Do you know whether she's awake?

（ii） Do you know whether he's awake?

人称代名詞が表出命題獲得に役立つことは誰でも認めるところですが，これを she, he などで指示される個人の概念が貢献されると見る人々に対してクラークは，こうした場合の人称代名詞は「指示対象を女の中から探すか，男の中から探すか」という手続きの過程に制約を与えていると見ています。正しいと言えましょう。

(143)　高次明意への手続き的制約

今度は次の３文を見てください。

（ｉ） It's raining.

（ii） Wow, it's raining.

（iii） The speaker is surprised that it's raining.

聞き手は（ｉ）だけを聞いてもコンテクストと推論によって（iii）という高次明意を得ることもありますが，Wow という間投詞に先立たれた（ii）ならば，もっと少ないコストで（iii）にたどり着きます。

(144)　暗意に対する手続き的制約

but や therefore 等についてはすでに触れましたが，クラークは，so のために１項目を足しています。

（ｉ） Ken's coming to the party. We won't be seeing Mary.

（ii） Ken's coming to the party. So we won't be seeing Mary.

So は，上の例に見るとおり，「メアリに会うことはないだろうね」という命題が，「ケンがパーティーに出席する」という命題から論理的に導かれる結論であるということを，聞き手にとって他の副詞類以上に明白にする，とクラークは主張します。

もう１つ，ブレイクモアが明らかにしたことですが，so は話のやり取りの最初の文の語として使い得るという特徴を持っています。買物で一杯

になった袋をいくつも抱えている知人・友人・配偶者を見つけて，

（iii） So you've spent all your money.

という場合などがそうですね。会社の帰りに一杯（どころか何杯も）聞こし召しして帰宅したご亭主が，扉を開けた奥方に「えへへ」と照れ隠しに愛想笑いをしても，奥方から

（iv）So you've been drinking again!

と叱られるのも同じですね。亭主も奥方も何も言っていないのに，奥方は亭主のアルコール臭や愛想笑いから（iv）を結論として発するわけです。

ここで，(143）のWowに関連して話を少しずらしますと，wow［wáʊ］］はこのごろ日本にも「輸入」されたようですね。「ワオ。俺の好きな小柄力士・〇〇山が横綱に土をつけた」など。日本の「ワオ」は嬉しいことがあった時に限られているようですが，英語のwowは嬉しい時だけでなく，驚愕した時や苦痛への反応としても使うようです。ところでwhoaという単語を知っていますか？［(h)woʊ］とか［hwoʊ］のように発音し，馬が速く走りすぎるのを抑えたり，停止させたいときに人が馬にかける‘ことば’なのです（むろん乗り手は声だけでなく，脚による圧迫とか，重心の掛け方などの「扶助（ふじょ）」も使いますが)。さて──話は一層ずれます──2022年はハワイのホノルル・ポロ・クラブというポロ競技団体主催のImai Samurai Cupというトーナメントが20周年を迎えました。そのことを知らせてきた上記クラブの会長はWe are planning the 20th anniversary of the Imai Samurai Tournament, whoa how about that, the initial one played in August 11, 2002. とメールに書いてきました。会長は筆者よりはだいぶ若いのですが，60は越したでしょう。これ以上老けるのは嫌だから，時がどんどん進まないよう，月日に対して流れを遅くするよう馬に対するようにWhoa! と声をかけているわけですね。で，英和辞典でwhoaを引くと，そろいもそろって「どー，どー」と“訳して”あります。これは古すぎますよ。筆者が幼稚園児のときに習った童謡『金太郎』には，〽まさかり担いで金太郎／クマに跨りお馬の稽古／ハイ　シ

ドウドウ　ハイドウドウ［…］とあったし，講談などでは「馬に止動（しどう）の誤りというのがございまして，歩けの合図が止（し）で，止まれの合図が動（どう）というのでは…」などという冗談を聞かされたため，昔は「シ」「ドウ」を使っていたことは知っていますが，中学生のときから馬乗りである筆者，馬術関係者が「シ」「ドウ」を使ったのは聴いたことはありません。止めるときは英語と同じく「ホウ（ホウホウ）」を使いますし，前進を嫌がる馬には一種の促音[注24]を使います。

話を正道に戻します。ここで「手続き的意味」について何ページかを用いたのは，この概念の導入と発展が，「正しい科学のあり方」の言わば「見本」となっているからです。グライスは，規約的含意という考え方を語用論に導入しました。これはいくつかの事象の説明に成功しました。これも立派な科学的仮説でした。けれどもブレイクモアによる手続き的意味の主張，それによって生じた概念的意味と手続き的意味の対照によって，(139)～(144) に代表される新しい理論・説明法が誕生しました。むろん，関連性理論内のこの新理論は，それ以前の理論によって説明されたことも説明します。それどころか，関連性理論の説明対象を超えた分野にも影響を与えます。これについてのカーストンの言明も紹介しましょう。

(145)　手続き的と呼ばれる概念は，［…］関連性理論が提供している発話解釈と，発話解釈がその中で発展（表象的かつ計算的な）を受ける，より幅広い心・頭脳に迫るタイプの接近法による説明によって生み出されたものである。すなわち，概念的意味は表示の中に生かされ，手続き的意味は特定の計算過程の存在を表す。［…］そして，手続き的符号化の不可欠な機能が語用論的推論の過程を制約するところにあることが明白になった以上，言語的システムは暗意の派生だけではなく，語用論的課題の全域において主導的役割を演じている可能性が高くなりつつあるように感じられるのである。

The procedural idea is [...] a consequence of the kind of ex-

> planation of utterance interpretation that relevance theory provides and of the broader approach to the mind within which it is developed (representational and computational): conceptual meaning enters into representations; procedural meaning indicates particular computational processes. [...]
> And once one sees that the essential function of procedural encoding is to constrain processes of pragmatic inference, it begins to seem likely that linguistic systems will include procedural elements that play a guiding role, not only in the derivation of implicatures, but in the full range of pragmatic tasks. Carston (2002) p. 162.

グライスの規約的含意という考え方は仮説だったわけで，これが概念的意味と手続き的意味の対照という「新しい仮説」によって「反証」されたわけです。第5章でより詳しく説明しますが，ある仮説が「反証される」ということは「新しく，より良い仮説」，つまりそれまでの仮説で説明できたことはすべて説明でき，かつそれまでの仮説では説明できなかったことも説明できる仮説が現れた，ということになります。これは科学の真髄と言えるのです。

8.6 新グライス派

この派（Neo-Gricean Pragmatics）の代表としてホーン（Laurence Horn, 1945-）とレヴィンスン（Stephen Levinson, 1947-）を取り上げます。両者は多少異なった方法でグライス理論を発展させようとしていますが，双方に共通しているのは，グライスの格率（maxims）を，より数の少ない原理（principles）に再編成している点です。

8.6.1　ホーン

ホーンの理論は，Horn（1984）に見るとおり，「**Q 原理**（量原理：Q（uantity）Principle)」と「**R 原理**（関係原理：R（elation）Principle）という 2 つの原理の上に築かれています。これを（146）として示しましょう。

（146）　Q 原理：あなたの貢献を十分なものにせよ：出来るだけ多くを語れ（ただし R 原理を前提として)。
Make your contribution sufficient; Say as much as you can (given the R-principle).
R 原理：「あなたの貢献を必要なものにせよ：言いすぎてはいけない（ただし Q 原理を前提として)。
Make your contribution necessary; Say no more than you must (given the Q-principle).

Q 原理はグライスの量の格率（122a）の 1. と様態の格率（122d）の 1. と 2. を一体化したものと言え，R 原理は量の格率（122a）の 2 と関係の格率（122c)，そして様態の格率 1.，2.，3.，4. を包摂したものと言えます。この簡素化が，より広い，またはより深い説明を可能にしているのであれば，これはこの派の功績と称せますが，残念ながらそれは不可能なようです。

また，ホーンをはじめとする新グライス派の人々は「**尺度含意**（scalar implicature)」というものを重要視しています。(147)～(149）の a. はそれぞれ b. を含意するというわけです。

（147）　a. Bob has got some of Carston's papers.
b. Bob hasn't got all of Carston's papers.
（148）　a. Steve sometimes drinks Margarita.
b. Steve doesn't always drink Margarita.
（149）　a. Nolan won't necessarily get the prize.

b. Nolan will possibly get the prize.

尺度含意は「**Q 尺度**（Q-scale）」によって生ずるとされています。(150) のようなものが Q 尺度の例です。

(150) 〈some, many, most, all〉
〈sometimes, often, usually, always〉
〈possibly, probably, necessarily〉

some は all よりも意味が弱く，sometimes は always より意味が弱く，possibly は necessarily よりも意味が弱いですね。そこで（147)～(149) のどれについても，a. が発話されれば，b. が含意される，というのが新グライス派の主張です。これはグライスの「話し手が量の格率を完全には満たさない発話をしても，彼が協調の原理を守っていることが疑いなければ，聞き手は量の格率を下回る含意を受け取る」という考えを引き継ぐものですが，ホーンをはじめとする新グライス派の人々は，次の（151)，(152) のような発話に関しても，a. は b. を含意すると主張しています。

(151) a. ［ビルが Helen is good-looking and good-hearted. と言ったのに対するジョージの発話］She's good-looking.
b. George doesn't think that Helen is good-hearted.

(152) a. There will be five of us for dinner tonight.
b. There won't be more than five of us for dinner tonight.

a. から b. が生まれることは確かですが，これを Q 尺度で説明するとなると Q 尺度の中に次が含まれることになってしまいます。

(153) 〈good-looking, good-hearted, ill-natured ...〉
〈one, two, three, four, five ...〉

これは「尺度」という概念からして奇妙ですし，そもそもＱ尺度なるものが会話者の認知環境に常在するものかどうかが疑問です。こうした尺度が仮に解釈に使われるとしても，それは解釈の都度現れるものではないでしょうか。

関連性理論によれば（147)～(149)，(151)～(152）のb.は含意（暗意）ではなくて自由補強によって得られる明意です。関連性理論の説明が持つ優位を解きましょう。(147）を例にとると，聞き手には亜人格的な推論が起こって，ボブがカーストンの論文を「何点か持っているが全部は持っていない」「何点か持っているのは確かで，もしかすると全部持っているのかもしれない」「何点か持っており，全部持っているかは言及の範囲内にはない」という異なる解釈のいずれかを直接受ける可能性を（関連性理論に従えば）持つことになります。それにくらべてグライス理論・新グライス理論では，まず，「何点か持っているのはたしかで，もしかすると全部持っているのかもしれない」という解釈を得，そのあとＱ尺度によって「何点か持っているが全部は持っていない」に移動する可能性があるだけで，「何点か持っており，全部持っているかは言及の範囲内にはない」という解釈を受け取ることはないことになります。つまり，新グライス派は事実のすべてを提示することができないわけです。

関連性理論がさらに優れているのは次の点です。(147)～(149)，(151)～(152）のb.を生み出す自由補強は，下の（154a)～(156a）から(154b)～(156b）という表出命題（そして明意）を生み出しますが，これは新グライス派の道具立てでは説明不可能なことです。

(154)　a. Edinburgh is some distance from London.
　　　b. Edinburgh is quite far from London.
(155)　a. Kate is too young.
　　　b. Kate is too young to get married.
(156)　a. You are not going to get cervical cancer.
　　　b. You are not going to get cervical cancer, coz you're, if

anything, a man.

このことは関連性理論がグライス理論・新グライス理論よりも優れた理論であることの証拠です。

さて，ホーンの方から見た関連性理論はどういう存在なのでしょう？次のホーンの言葉を見てください。

(157) グライスの研究目的と関連性理論の研究目的は異なる。前者が話し手の意味するところ（含意はその一部である）を解明しようとしているのに対し，後者は発話解釈の認知心理学的モデルを構築することを目的としている。このモデルは，あることを伝えようとしている話し手が，どのような方法で，そしてどういう理由でその発話を行うか，という問題に取り組もうとはしていない。

Grice's goal of developing an account of speaker meaning (of which implicature constitutes a proper subpart[注25]) is distinct from Relevance Theorists' goal of developing a cognitive psychological model of utterance interpretation, which does not address the question of how and why the speaker, given what she wants to convey, utters what she utters.

Horn (2005) p. 194.

これに対してカーストンは次のように反論しています。

(158) RT (Relevance Theory) は，話し手の意味するところが何であり，またそれが聞き手によってどのような方法で受け取られるかの解明に十分に意を尽くしている。

RT is very much concerned with speaker meaning, both what it is and how an addressee attempts to recover it.

Carston (2005) p. 303-319.

筆者としてもホーンに次の批判を加えたいと思います。

(159)　「話し手が，どのような方法で，そしてどういう理由でその発話を行うか」を予知するのは不可能であり，それを行おうとする試みは科学ではない。グライスがそのような試みを企てていたという証拠はどこにあるのか？

いささか意地悪に言えば，ホーンはあまり大したことを志していない，と思わざるを得ません。ここを突いているのでしょう，カーストンは，ホーンの研究目的はグライスのそれとも，関連性理論のそれとも異なるとして次のように述べています。

(160)　ホーンの研究の焦点は，かなり規則的に生ずる２種の会話の含意があるという考えにほぼ限られているといってよい。すなわち話し手の努力を最小限にとどめるＲ原理から生ずる含意と聞き手の努力を最小限にするＱ原理から生ずる含意である。(中略) 彼の体系は，関連性理論のように発話処理の説明を目的としてもいないし，グライスのように哲学的分析への関心も持っていない。

His focus is almost entirely on the idea that there are two kinds of fairly regularly occurring conversational implicature, one kind resulting from his R-Principle, which minimizes speaker's effort, the other from his Q-Principle, which minimizes hearer's effort [...]. While his system is not intended to provide account of utterance processing like RT, nor does it have Grice's philosophical analytical concerns [...].

Carston (2005) p. 306.

問題はまだあります。次の (161)～(163) で，関連性理論によれば，b

はaから語用論過程（〈　〉内に書かれているとおり，(161) と (162) では自由補強，(163) ではアドホック概念構築）によって補われた要素で，この3例のb文は明意であるところです。

(161)　a. I haven't eaten.
　　　b. I haven't eaten {supper} {tonight}.〈自由補強〉

(162)　a. She handed me the key and he opened the door.
　　　b. She handed me the key and {then} he opened the door {with the key}.〈自由補強〉

(163)　a. Everybody passed the exam.
　　　b. Everybody {in our pragmatics class} passed the exam.〈アドホック概念構築〉

ところがホーンに従うと，(161b)〜(163b) の3文に明意という用語を用いるのは不適切だというのです。その理由は「(語用論過程によって) 強化された命題は明示的に伝達されていない ([T]he strengthened proposition is not explicitly communicated.)」から，なのだそうです。これに対してカーストンは次のように反駁しています。

(164)　だって，伝達されている (話し手によって意味されている) のは間違いないし，暗意されているわけでもない。そして伝達内容を持つレベルは他にないのだから，ホーン (中略) にとっては，明示的に伝達されるものは何もないことになってしまう。
Well, it is communicated (speaker-meant) and it is not implicated, and, since there is no other level of communicated content, it must follow that, for Horn [...], there is nothing that is explicitly communicated.　　Carston (2005) p. 193.

8.6.2　レヴィンスン

レヴィンスンは，「**Q原理**（Q(uantity) Principle)」，「**I原理**（I(nformative) Principle)」，「**M原理**（M(anner) Principle)」という三つの原理を立てています。(165)～(167) がその定義です[注26]。

(165)　**Q原理**

話し手にとっての格率：世界に関する自分の知識が可能にしている情報よりも弱い陳述を行ってはならない。ただし，それ以上に強い情報がI原理に抵触するのであれば，そうした情報を陳述してはならない。

Do not provide a statement that is informationally weaker than your knowledge of the world allows, unless providing an informationally stronger statement would contravene I-principle.

受け手にとっての系[注27]：話し手は話し手自身の知識と矛盾しない範囲内で最も強い陳述を行ったと考えてよい。

Take it that the speaker made the strongest statement consistent with what he knows.

(166)　**I原理**

話し手にとっての格率：最小化の格率。「必要最小限の情報だけ話せ」。つまり，自分の伝達上の目的を達成する範囲内で最小限の言語的情報を（Q原理を念頭から離さずに）伝えなさい。

The Maxim of Minimalization. "Say as little as necessary"; that is, produce the minimal linguistic information sufficient to achieve your communicational ends (bearing Q in mind).

受け手にとっての系：補強規則。話し手の発話の情報内容を，最も特定的な解釈を見つけ出すことにより，話し手がM意図[注28]しているとあなたが判断するポイントまで拡大しなさい。ただし，話し手が最小化の格率を破り，有標的，つまり冗長な表現を使った場合を除く。

The Enrichment Rule. Amplify the informational content of the speaker's utterance, by finding the most *specific* interpretation, up to what you judge to be the speaker's M-intended point, unless the speaker has broken the Maxim of Minimization by using a marked or prolix expression.

（167） **M 原理**

話し手にとっての格率：有標的な表現，すなわちあなたが通常の，ステレオタイプ的状況を記述するときに用いる表現とは対照をなすような表現を用いるのは，通常でない，非ステレオタイプ的状況を示すときにしなさい。

Indicate an abnormal, nonstereotypical situation by using marked expressions that contrast with those you would use to describe the correspondent normal, stereotypical situation.

受け手にとっての系：通常でない言い方をされるものは，通常でない状況を示す。言い方を換えれば，有標的なメッセージは有標的な状況を示す。

What is said in an abnormal way indicates an abnormal situation, or, marked messages indicate marked situations.

レヴィンスンのＱ原理は，ホーンのＱ原理から様態に関する部分を除去したものと言えますし，Ｉ原理はホーンのＲ原理にほぼ相当します。Ｍ原理はグライスの様態の格率のうち上位の格率と，下位の格率のうち1.，2.，3. を合わせたものに他なりません。

レヴィンスンは彼の３原理を基にして「**発見模索法**（heurstics)」を準備し，いくつかのタイプの文の「通常の用法」を「模索」していますが，今井（2015）でいくぶん詳しく論じたように，一般性を欠き，関連性理論の「発展」に基づく説明の一般性には遠く及びません。

8.7　3 派の査定

言語行為理論は，言語研究を真理条件主義から解放しましたし，グライスは発話の理解・解釈における推論の不可欠性を主張し，ともに言語研究・語用論研究に大きい寄与をしました。ただ，今日的視点から見れば，この２つの派に不備があったことは否定できず，それを１点に絞れば，オースティン，グライス共に考究対象をモジュールと認め得なかったことにあるでしょう。それに比べ，新グライス派は，筆者には原理・格率等の整理に血道を上げたものの，新しい発見に欠けていると思われます。

いずれにせよ，この３派の査定には，第４章でも触れることになります。

注

注 1.「その本は棚の上にあります」のような「文」や，「棚の上」のような「句」や，「棚」のような「語」を「言語形式」と言います。

注 2. すぐ上のＰ→Ｑを見てください。この命題（「命題」の定義は（８）にあります)。で，ＱはＰの必要条件で，ＰはＱの十分条件です。Ｐを「太郎は名古屋市に住んでいる」，Ｑを「太郎は愛知県に住んでいる」としましょう。そうするとＰ→Ｑは「太郎が名古屋市に住んでいるならば，太郎は愛知県に住んでいる」となり，ＱはＰの必要条件となります。なぜなら，愛知県以外のところ――例えば東京都，鹿児島県，日本国外など――に住んでいる人が名古屋市に住んでいるということはあり得ないからです。つまり「太郎は愛知県に住んでいる」(＝Q) は「太郎は名古屋市に住んでいる」(＝P) にとって不可欠な（＝必要な）条件ですね。一方，「太郎は愛知県に住んでいる」(＝Q) という結論は，太郎が豊田市／東栄町／豊根村等々，愛知県内の市町村に住んでいるという前提から出てきます。けれど，もちろん，名古屋市に住んでいても同じ結論が出ますね。だから「太郎は名古屋市に住んでいる」(＝P) は「太郎は愛知県に住んでいる」(＝Q) にとっての十分条件なのです。名古屋市に住んでいなくても豊田市に住んでいれば愛知県に住んでいるという結論が出てくるわけですから，この場合のＰはＱの必要条件ではありませんね。一方，「太郎は愛知県に住んでいる」(＝Q) が成り立っても「太郎は名古屋市に住んでいる」(＝P) は必ずしも成り立ちませんね。太郎は豊田市に住んでいるかもしれないのです。だからＱはＰの十分条件ではありません。ここでＰとＱが互いに必要十分事件である場合を挙げましょう。例は，Ｐが「名古屋市は愛知県の県庁所在地である」であり，Ｑが「愛知県の県庁所在地は名古屋市である」である場合のＰ→Ｑです。この場合にはＰが成り立てば必ずＱが成り立ち，Ｑが成り立てば必ずＰが成り立ち，ＰはＱに成り立ちにとって十分な条件であり，ＱはＰの成り立ちにとって十分な条件です。一般に，命題Ｐ→Ｑと命題Ｑ→Ｐが同時に成り立つとき，ＰはＱの必要十分条件であり，ＱはＰの必要十分条件なのです。

注 3. ある文の真理条件とは，その条件が満たされればその文が真であることが保証される条件のことを指します。「名古屋で雨が降っている」という文の真理条件は，「その発話時点で名古屋市が雨降りである」という事実です。

注 4. 自然数は，易しく定義すると次のようになります：「自然数とは『負でない整数』である。」

注 5. 文（７）の前半は，この言語形式が表す命題を真であらしめるような必要十分条件ですから，（５）に言う文の意味に当たります。またこの文の後半も，同じ原因から，この文の意味です。ということは，（７）では１つの文の前半が具象的，後半が抽象的ということですね。すると，もし（５）を受け入れて，「文」を単に言語形式とのみ定義し，言語形式の意味を「その言語形式が表す命題を真であらしめるような必要十分条件」と定義すると，（７）の意味は決定不可能となってしまいます。

注 6.「不朽文」とは，それがある文から導かれた場合，その文をコンテクストからの補充を不必要なものとし，命題にする力を持つ文を指します。「彼はギンコウに行った」という発話を「『言語学はいかにして自然科学たりうるか：今井邦彦言語研究講義』の著者・今井邦彦は，2022 年 8 月 30 日（火曜）午後 1 時から 2 時の間に名古屋市瑞穂区弥富字緑ヶ岡 1 番地三井住友銀行八事支店に行った」のように不朽文で補充するとこの文は命題となります。

注 7. Graham Greene（1904–1991）イギリスの作家。『第三の男』，『ブラトン・ロック』，『落ちた偶像』，『静かなアメリカ人』などの，映画化された作品を通じておなじみの読者もおられると思います。

注 8. この 2 例では，「ザンザン降り」と「良い天気」，「○○派の言うことは常に正しい」と「○○派の言うことは常に誤っている」のどちらの一方を選んでも，「その言語形式が表す命題を真であらしめるような必要十分条件」になり得ます。ここにも（5）の不成立の例があります。

注 9. 暗意（含意，推意）と明意については，本章第 4 節により詳しい解説があります。

注 10. 彼女は同書 p. 49 でも次のような言明を行っています。「言語によって符号（コード）化された意味が，意図として表現された命題を，不明確な部分を残さずに確定することは決してない。I am advocating {...} that linguistically encoded meaning never fully determines the intended proposition expressed.」

注 11. この本の第 2 版（1995）は初版（1986）をそのままに留め，それに追記（Postface）を加えたもので，初版（1986）との理論上，表記上の違いがよくわかるようになっています。

注 12. 本章第 4 節に詳しい説明があります。

注 13. カメレオンは，周囲の色と同じ色に体を変色させるという俗説（これは正しくありません）から，欧米などでは「無節操な人物」のメタファーとして使われます。

注 14. die *of AIDS*（エイズで死ぬ），die *young*（若死する），die *a hero*（英雄として死ぬ）などの言い方があるのは事実ですが，イタリックスにしてある部分は，英語の（おそらくはすべての自然言語の）語法として不可欠な要素ではないと思われます。

注 15. 論理形式（logical form）とは，言語形式の中で，意味的に不確定な要素がなく，命題であるもの（＝真理条件を備えているもの）を指します。

注 16.「集合（set)」とは，とりあえず，一応「ものの集まり」と理解して構いません。「もの」の中には人間も，記号も，そして想定等も含まれます。{太郎，花子}，{花子，雪江}，{定男，絵理，志保美} は太郎と花子という成員（メンバー）から成る集合，花子と雪江という成員から成る集合，定男と絵理と志保美という成員から成る集合です。{　} というシンボルは，集合を表すために習慣として使われています。また，{a, b}，{c, d}，{d, e, f} は，それぞれ，a と b という成員（メンバー）から成る集合，c と d という成員から成る集合，d と e と f という成員から成る集合です。「集合」という術語の日常生活の使い方と異なる点は，{a} のように成員が 1 つでも，さらには成員がゼロの場合── {Φ} と書き表します──であっても「集合」と呼ぶ点です。

注 17. Clark（2013）の 3. 3 Defining relevance: effects（p. 99f.）および 3. 4 Defining relevance: effort（p. 104f.）を参照してください。

注 18.「含意する（imply）」はいろいろな意味で使われますが，ここでは「p が成り立つなら q も成り立つ：p から q が論理的必然として結論される」の意味で使われています。例を挙げれば，「橋本夫妻には女の子がいる」は「橋本夫妻には少なくとも子供が 1 人いる」を含意します。

注 19.「和集合（union）」とは 2 つ以上の集合を足したものです。{太郎，花子} と {花子，次郎} の和集合は {太郎，花子，次郎} ですし，{a, b} と {c, d} の和集合は {a, b, c, d} です。

注 20.「非自明的に（non-trivially）含意する」とは含意を得る過程に「拡張的含意が含まれていない」ということを意味します。拡張的含意は論理学に含まれていて，たとえば，p という前提から「p かつ q（p∧q）」「p または q（p∨q）」，さらには二重否定（¬¬p）「p でないわけではない」などの「含意を拡張するタイプの推論」を行います。このような含意は発話解釈とは無縁なので「非自明的に（non-trivially）含意する」という概念が導入されたのです。

注 21. この実験（最初は 1985 年に行われました）では 3 歳児までは心の理論が不在，ないし薄弱だという結論になりますが，その後の研究からは子供はもっと幼い時から心の理論を持つという結果が出ています。第 4 章を見てください。

注 22. これはスペルベルとウィルスンは特に認めていない可能性で，クラークが Scott（2010）から導入したものです。

注 23. rascal に「ごろつき，悪者」といった意味がないわけではありませんが，現代ではむしろ「しょうがない奴，困ったやつ，ふざけん坊」等の戯言として使われることの方が多いようです。

注 24. 促音については音声学書（たとえば今井邦彦（2007）『ファンダメンタル音声学』ひつじ書房）を見てください。

注 25. subpart（部分）と言えば，日常言語では「全体より少ない構成部分」を意味しますが，論理学的用法では，全体もそれ自身の subpart なので，全体より少ない subpart を指す場合は proper subpart（真部分）と呼ぶのです。

注 26. Levinson（2000）より。

注 27.「系」とは，「当然得られる結論」といった意味の語だと理解して構いません。

注 28. グライスの用語。話し手の意味（speaker meaning）に関するグライスの研究において，M 意図とは，発話によって何かを意味する話し手の意図を指します。『言語理論としての語用論：入門から総論まで』（今井，2015）p. 118

参考文献

Blakemore, D. (1987) *Semantic Constraints on Relevance.* Oxford. Blackwell.

Blakemore, D. (2002) *Relevance and Linguistic Meaning: The Semantics and Pragmatics of Discourse Markers.* Cambridge University Press.

Carston, Robyn (2002) *Thoughts and Utterances: The Pragmatics of Explicit Communication.* Blackwell. 内田聖二ほか訳 2008『思考と発話――明示的伝達の語用論』研究社。

Carston, Robyn (2005) "Relevance Theory, Grice and Neo-Griceans: A Response to Laurence Horn's 'Current Issues in Neo-Gricean Pragmatics,'" Intercultural Pragmatics 2: 3.

Clark, Billy (2013) *Relevance Theory,* New York, Cambridge University Press.

Fodor, Jerry A. (1983) *The Modularity of Mind,* MIT Press, Cambridge, MA.

Grice, Paul (1975) "Logic and Conversation", In Cole, Peter and Jerry L. Morgan (ed.) *Syntax and Semantics Vol. 3. Speech Acts,* New York Academic Press.

Horn, L. R. (1984) "Towards a new taxonomy: Q-bases and R-bases implicature". In D. Schiffrin (ed.) *Meaning, Form and Use in Context: Linguistic Applications,* Washington, Georgetown University Press.

Horn, Laurence R. (2005) "Current Issues in Neo-Gricean Pragmatics," *Intercultural Pragmatics* 2: 2, 191-204.

Levinson, Stephen C. (2000) *Presumptive Meaning: The Theory of Generalized Conversational Implicature,* MIT Press, Cambridge. MA. [田中廣明・五十嵐海理（訳）『意味の推定――新グライス派の語用論』研究社，東京]

Morris, Charles (1938) *Foundations of the Theory of Signs.* University of Chicago Press.

Nishiyama, Yuji and Koji Mineshima (2007) "Property Expressions and the Semantics-Pragmatics Interface," P. Cap & J. Nijakowska (eds) *Current Trends in Pragmatics.* pp. 130-151. Newcastle, UK: Cambridge Scholars Publishing. Nishiyama, Yuji and Koji Mineshima (2010) "Free Enrichment and the Over-Generation problem," E. Walaszewaska et al. (eds). *In the Mind and across Minds a Relevance-Theoretic Perspective on Communication and Translation.* pp. 22-42. Newcastle, UK: Cambridge Scholars Publishing.

Scott, Kate (2010) *The Relevance of Referring Expressions: The Case of Diary Drop in English.* PhD thesis, University College, London.

Searl, J. R. (1969) *Speech Acts: An Essay in the Philosophy of Language,* Cambridge, Cambridge University Press.

Searl, J. R. and D. Vanderveken (1985) Foundations of Illocutionary Logic, Cambridge, Cambridge University Press.

Smith, Neil (2002) *Language, Bananas and Bonobos: Linguistic Problems, Puzzles and Polemics,* Blackwell, Oxford. 今井邦彦（訳）『ことばから心をみる――言語

学をめぐる二〇話』岩波書店 東京。

Smith, Neil and Ianthi Tsimpli (1995) The Mind of a Savant: Language Learning and Modularity. [毛塚恵美子ほか訳 (1999)『ある言語天才の頭脳――言語学習と心のモジュール』新曜社 東京]

Sperber, Dan and Deirdre Wilson (1986/1995[2]) *Relevance: Communication and Cognition.* Blackwell.

Vanderveken, D. (1994) *Principles of Speech Act Theory* [*Cahiers d'`Eespitémologie,* 9402], Montréal, Université du Québec à Montréal.

Wilson, D. and Dan Sperber (1993) "*Linguistic form and relevance.*" *Lingua* 90: 1-25.

今井邦彦 (2015)『言語理論としての語用論：入門から総論まで』開拓社。

今井邦彦，中島平三，外池滋生，西山佑司 (2019)『チョムスキーの言語理論：その出発点から最新理論まで』新曜社. [Smith, Neil and Nicholas Allott (2016) *Chomsky: Ideas* and Ideals, Cambridge University Press. 訳]

今井邦彦・西山佑司 (2012)『ことばの意味とはなんだろう――意味論と語用論の役割』岩波書店。

西山佑司・峯島宏次 (2006)「叙述名詞句と語用論的解釈――自由補強にたいする意味論的制約をめぐって」飯田隆 (編)『西洋精神史における言語と言語観――継承と創造』慶應義塾大学言語文化研究所。pp. 21-50

第2章

生成文法

1　人間言語の絶大な力

言語（ことば），特に日本語は，読者諸賢のほとんどにとっての母語で，日常，特に意識せずに使っている，水や空気のように身近なものですから，表題のように「絶大な力」などと言われると，微小なものをことさら誇大化しているように聞こえるかもしれません。しかし，「もし人間から言語が失われたら？」という想像をしてみてください。

まず，ある個人の言語機能が突如として完全に消失してしまい，この人が言語から無縁になってしまうという，現実にはまず起こりえないことが起こったと想像してみましょう。この状況に陥った人は他人の発話に接しても，新聞を読んでも，テレビ・ラジオの音声を聞いても意味がわかりません。自分がそうなってしまったことを他人に伝えたく思っても，その方法がありません。これはある日突然，聴力や視力を失うことに比べても，想像を絶する状態です。一定年齢に達したのちに聴力・視力を失った人が手話や点字を取得するのは確かに易しいことではありません。でもことばを使う基本的能力が残っている限り，それは原則的に言って不可能ではないのです。しかし，手話や点字もことばです。言語の基本的能力を失った人には，どんな形のことばも習得することは不可能です。この人は，一切の人間的活動から，主体的にも受動的にも，切り離されてしまうのです。

さらに，全人類がことばを失ったらどうなるか，考えてみましょう。ことばは政治的・経済的・社会的活動から個人生活に至る，あらゆる人間活動の根幹を造っているのですから，ことばが失われればこれらの活動はすべて麻痺してしまいます。

われわれ人間には他の動物には及びもつかない高い能力があります。私たちには科学があり，数学があり，時間的・空間的に離れた物事を心に浮かべることができ，フィクションを造り，それを楽しむことができます。遠い将来を思い浮かべ計画を立てることが可能です。絵画彫刻楽曲等をものにし，それを楽しみます。こうしたことはすべてことばというものがあるからこそなのです。哲学者マギルヴレイ（James McGilvray, 1938–）はChomsky（2012）の「はしがき」（McGilvray担当）で（1）のように言っています（強調太字：今井)。

（1） 人間は，いたるところに存在するものごとについて推測を行い，それを巡る思索を行う。これは，推測・思索をする時点での状況や日常的経験から思考を切り離し，無限数の複雑な思考を組み立てて，どのような時代・時期・状況における主題をも対象とし得る能力を人間が持っているからだ。**この能力を与えてくれるのが言語なのである。**したがって人間には，きわめて遠い未来にわたる計画を立て，不測の事態に備え，具体的な役目を参加者に割り振る方法があるため，個人間の協調を必要条件とする計画を企て実行に移すことが可能である。**その方法を与えてくれるのが言語なのだ。**

You cannot speculate and think about matters far and near unless you have some way of constructing an unlimited number of complex thoughts that you can detach from current circumstances and use to range over arbitrary times and circumstances. Language gives you this capacity. You can't organize and construct projects involving cooperation between individuals unless you have a way of planning well into the future, providing contingencies, and assigning specific roles:

language gives you that.　　Chomsky (2012) pp. 1-2.

そして，前世紀の半ばに言語学に革命（チョムスキー革命とか，**生成文法** (generative grammar) 革命などと呼ばれます）をもたらした**チョムスキー** (Noam Chomsky, 1928-) は，このような機能を持った「言語の源(みなもと)」を「**言語機能** (the Faculty of Language)」と呼び，Chomsky (2005) の中で次のように述べています。

（２）　言語機能は，近世の進化理論の共同創立者の一方であるアルフレッド・ラッセル・ウオリス[注1]が「人間の知的・道徳的本性」と称したもの，すなわち，創造的構想力，言語的表象一般，数学，自然現象の解釈と記録，入り組んだ社会的慣行等々を行う能力の一部門である。これらの能力複合体は，我々現代の人間すべての先祖である小さな血統グループの中で比較的新しく，せいぜい５万年ほど前に具象化したものと考えられる。そして人類が考古学的記録に残した痕跡から判断するに，この能力複合体こそが，人類を他の動物――他のヒト科動物も含む――から極めて明確に区別しているのだ。「人間特有の能力」と研究者中のある人々が呼んでいるものの本質には，いまだに未知のことが多い。それが進化理論の２人の創設者の間に有名な不一致の要因の１つだったのだ。ウオリスはダーウィンと異なり，こうした能力の進化発展は変動と自然選択[注2]という誘因だけからは説明不可能で，「そのほかの影響，法則，媒体」を要求せねばならぬ，と考えていた。[…]

人間の知的能力がどのようなものであろうと，その能力を言語機能から切り離すことはできないということは一般的に人々が前提としているところだ。多くの科学者が古人類学者タタゾル[注3]の意見に賛成している。彼は，「私は，言語の出現というものは，進化の記録の中で人間特有の能力を登場させた『放出的刺激』として働いた突然の創発的出来事であったという点を，ほぼ確実なこととみなしている」と書いている。

The language faculty is one component of what the co-founder of modern evolutionary theory, Alfred Russell Wallace, called “man’s intellectual and moral nature”: the human capacities for creative imagination, language symbolism generally, mathematics, interpretation and recording of natural phenomena, intricate social practices, and the like, a complex of capacities that seem to have crystallized fairly recently, perhaps a little over 50,000 years ago, among a small breeding group of which we are all descendants — a complex that sets humans apart rather sharply from other animals, including other hominids, judging by traces that they have left in archaeological record. The nature of the “human capacity,” as some researchers now call it, remains a considerable mystery. It was one element of a famous disagreement between the two founders of the theory of evolution, with Wallace holding, contrary to Darwin, that evolution of these faculties cannot be accounted for in terms of variation and natural selection alone [...].

It is commonly assumed that whatever the human intellectual capacity is, the faculty of language is essential to it. Many scientists agree with paleoanthropologist Ian Tattersall, who writes that he is “almost sure that it was the invention of language” that was the “sudden and emergent” event that was the “releasing stimulus” for the appearance of human capacity in the evolutionary record [...]. Chomsky (2005) p. 3.

そして同じ論文の中で，個々の人間がその言語を身に付けるには（3）

に示す**３要因**が関与しているので，これらが探求されなければいけないと主張しています。

（３）1. 人類すべてにほぼ画一と考えられる，遺伝により与えられた資質。これは環境の一部を言語的経験として解釈する働きを持つ。この働きは**小児が反射的に実行**し，言語機能の発達の包括的筋道を決定するという，驚異的活動である。遺伝的要因の中には評価の制限を課すものがあり，そうした制限は遺伝学的に時限を決定された**成熟度に応じて標準通りに消失**する。ケニス・ウェクスラーとその賛同者たちは，言語獲得にそうした制限が存在することの抗(あらが)い難い証拠を提示しており，ウェクスラー（2003[注4]）が「レナバーグ[注5]の夢」と呼んでいることを支持する経験的な証拠を提供している。

Genetic endowment, apparently nearly uniform for the species, which interprets part of the environment as linguistic experience, a nontrivial task that the infant carries out reflexively, which determines the general course of the development of the language faculty. Among the genetic elements, some may impose computational limitations that disappear in a regular way through the genetically timed maturation. Kenneth Wexler and his associates have provided compelling evidence of their existence in the growth of language, thus providing empirical evidence for what Wexler (to appear) calls "Lenneberg's dream."

2. 経験。これはかなり狭い範囲で変化変動をもたらす。それは人間の能力内の他の下位組織の場合と同じであり，また，有機体一般の場合と同じである。

Experience, which leads to variation, within a fairly narrow range, as in the case of other subsystems of the human capacity and the organism generally.

3. 言語機能に特化していない諸原理。

Principles not specific to the faculty of language.

Chomsky (2005) p. 6.

（3）の1, 2, 3をそれぞれ第1要因〈the first factor〉, 第2要因〈the second factor〉, 第3要因〈the third factor〉と呼びます。第1要因は生成文法が最初から言っていることで，人間には，遺伝によって与えられた（つまり「生得的な（innate)」）な「言語機能」があるからこそ，言語を身に付けることができる（他の動物には人間のそれと同じ言語機能がないため，言語を持ちえない）ということです。第2要因は，要するに，個人にとって母語となる言語に関する経験です。読者諸賢のほとんどにとっての日本語であり，通常のイギリス人にとっての英語ですね。これとの適切な接触が（臨界期が終わる以前に）ないと，母語の確実な習得は不可能になってしまうわけで，極めて重要な要素ですが，その存在を理解するのは少しも難解なことではありません。第3要因は，生成文法の中でも遅くに現れたものです（チョムスキーによれば常に生成文法の背景にあったのですが，ミニマリスト・プログラム出現までは「手に入らなかった」ものでした)。

さて，第1要因について考えましょう。遺伝・進化と聞くと我々はすぐにダーウィンを連想してしまいがちですが，いわゆるダーウィン説は全面的に正しいのでしょうか？　そのあたりからまず見ていきます。

2　自然選択と「二次適応」

生成文法ではBerwick and Chomsky (2016) に明らかなとおり，言語は**二次適応**（exaptation）によって生まれたとされます。二次適応とは「最初の目的だったこととは異なる目的に適応すること」です。「突然変異」にどこか似たところがありますね。ヒトの脳は言語を獲得するために高度化したのではなく，高度化したために言語が生まれた，というわけです。これに対して，誤った言語観（たとえば認知言語学：第４章でより詳しく扱います）では，「言語は伝達の技法を向上させるために次第々々に進化した，したがって言語構造の説明は認知過程一般と統合化されなければならない」と考えます。これでは考究の目標はモジュールではあり得ず，**「狭い入口から究明を始める**という科学の正道」は踏めません。

生物は皆，より単純な形態からより複雑な形態へと「進化」してきました。だから人間言語もダーウィンの進化論と同じような意味での進化により生まれたと考える人がいても不思議ではありません。しかしダーウィンの唱えた自然選択は，非常に時間のかかる（何世代にもわたる微細な変化の遺伝を必要とする）出来事です。ダーウィン自身が言っています。

（４）　自然選択が働くのは，微少で切れ目なしに継続する変化が利用できた時に限られる；自然選択は多大で急速な飛躍は起こせず，短期的だが確実な，ただし緩徐な段階しか踏めないのだ。
Natural selection acts only by taking advantage of slight successive variations; she can never take a great and sudden leap, but must advance by short and sure, though slow steps.
Darwin（1859）p. 162.

これに対して生成文法が，言語を生み出した源泉としている，二次適応について，Belhuis et al.（2014）から引用しましょう。

（５）　進化というものは，必然的に緩慢で漸増的な過程，つまり，測り知れないほどの長年月に亘って段階的に進展するものとしばしばみなされている。**進化による変化に関するこのような見解は現代の物証や現代の我々の理解と相容れない。**そうした物証・理解においては，進化による変化は数世代の間に**急速に作動**するのである。

> [E]volution is often seen as necessarily a slow, incremental process that unfolds *gradually over the eons.* Such a view of evolutionary change is not consistent with current evidence and our current understanding, in which evolutionary change can be swift, operating within just a few generations [...]
>
> Belhuis et al. (2014) p. 3.

つぎの引用は Berwick and Chomsky (2016) からです。

（6） 人間言語の進化についての最近の解釈は，どれも，従来のダーウィン的考えから，偶発性を十二分に認める**現代版への移行を完全には把握していない**ように思える。

[*N*] *one* of the recent accounts of human language evolution seem to have completely grasped the shift from conventional Darwinism to its *fully* stochastic modern version [...]

Berwick and Chomsky (2016) p. 19.

ではなぜ言語は急速で偶発的な（＝自然選択ではない）過程で生ずると考えられるのでしょうか。まず Hauser et al. (2002) の見解を聞きましょう。

（7） 私たちは，**FLN──再帰性**[注6]を持った計算メカニズム──が生まれたのは比較的新しいことであり，このメカニズムは我々ヒトだけに備わっている旨を提唱する…。言語機能というものは，我々ホモ・サピエンスが約600万年前にチンパンジーにも似た共通の祖先から袂（たもと）を分かった以降の時期という比較的最近に出現した人間特有の能力のうちのあるものに全面的に依存しているのだ。

[W]e suggest that FLN — the computational mechanism of recursion — is recently evolved and unique to our species

> [...] [T]he faculty of language as a whole relies on some uniquely human capacities that have evolved recently in the approximately 6 million years since our divergence from a chimpanzee-like common ancestor.
>
> Hauser et al. (2002) p. 1573.

この論文は「言語機能とは何か，どの有機体に属するか，どのようにして脳内に発生したか」という趣旨の副題からして，ここで紹介するのが適切だと思えます。まず，次の図２を見てください。

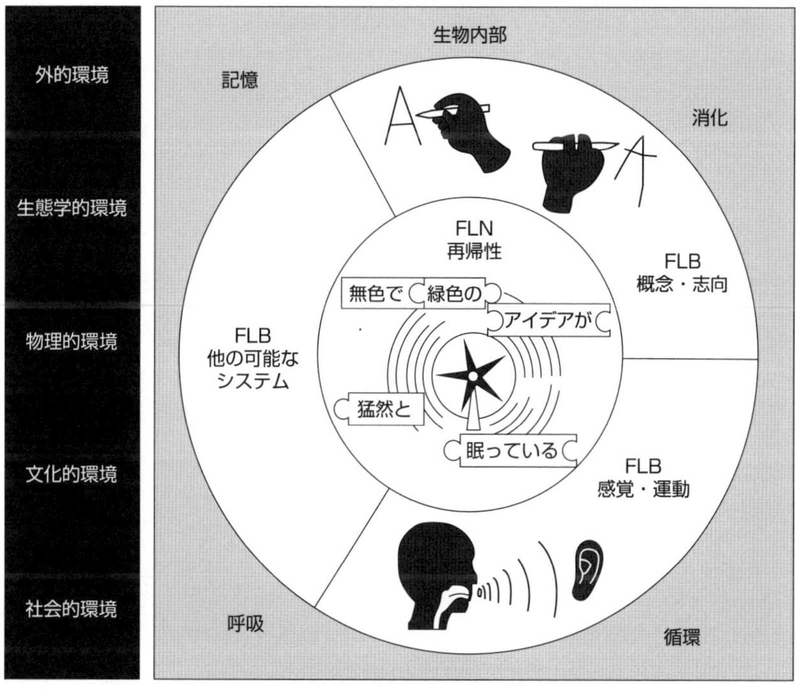

FLN は「**狭い意味での言語機能**（the faculty of language in the narrow sense)」を，FLB は「**広い意味での言語機能**（the faculty of language in the broad sense)」を示します。FLN の中に含まれているのは**再帰性だけ**で，さらに FLN だけが人間に特有で，FLB の多くの側面は他の脊椎動物

との間で共有されていると推測されています。

言語がいつ，どのようにして生まれたかは，生成文法にとって当初からの関心の的でした。言語とは，一見すると，無限の表現を生み出す有限の働きであるように思えます。そこで研究の初期には，不明なことが多すぎたため，研究者がたどり着いたのは，あまりに複雑すぎてそれらが遺伝・進化によって生まれたとは考えられませんでした。しかし研究は進み，特に**「ミニマリスト・プログラム」**（後述）の誕生以来，当初主張された複雑な言語規則は過去のものとなり，新しく，はるかに簡潔な接近法が登場しました。いわゆる**分割統治方策**（divide-and-conquer strategy）が可能になったのです。分割統治方策とは，研究対象が大きすぎて解決できない場合にそれを複数の小さな問題に分割し，それを順次に解決していくことで，最終的に最初の問題全体を解決する，という方策です。

これについて Berwick and Chomsky（2016）が述べているところを聞いてみましょう。

（8） ［タタゾルは］「言語の出現は［…］自然選択によって営まれたのではない」と書いている。ヒトの頭脳が現代の大きさに達したのは最近のこと，おそらく十万年以前ごろと考えられる。［…］そのあと少し経って——進化論的経年としてはそう長期とは言えない——おそらく文化的要素に発する一層の刷新が起こり，それが原因となって行動の上で今と等しい人類，人間能力の具体化，そしてアフリカからの移動が生じたのであろう。

[Tattersall writes] “that the appearance of language [...] was not driven by natural selection” [...] It appears that human brain size reached its current level recently, perhaps 100,000 years ago [...]. Sometime later — not very long in evolutionary time — came further innovations, perhaps culturally driven, that led to behaviorally modern humans, crystallization of the human capacity, and the trek from Africa.

Berwick and Chomsky (2016) p. 65.

一方でこの著作は，言語機能が他の認知機能と明確に分離されているという趣旨を（９）で主張しています。

（９）　言語機能というものが，**他の認知機能から徹底的に乖離**されたものであることは十分に確定していることだ。これはLenneberg (1967) が発見し，その後も吟味してきたことである（概観についてはCurtiss (2012) を参照すること)。
It has been well established that language capacity is radically dissociated from other cognitive capacities, as Lenneberg (1967) discovered and discussed since (see Curtiss 2012 for a review).　　Berwick and Chomsky (2016) p. 91.

（９）で言及されているCurtiss (2012) には (10) のような事実が記載されています。

(10)　［ジーニー[注7]の］認知的輪郭――それは機能的構造を全く欠いたひどく貧しい文法であったが［…］それと並んで彼女には優れた語彙学習能力，会話のトピックを自分から提出しそれを維持する秀でた能力，文法の領域を離れた複雑で階層体系的な構造を理解する能力［…]，そして極めて優れた視覚的・空間的認知能力が存在したことが――モジュール性に関する研究を一層進めることを私に余儀なくさせたのだった。[…]
　私はこれまでにTS［Turner's syndrome（ターナー症候群)[注8]］の子供を何人か研究してきた。その中にIQ 68の精神発達遅滞の少女Vがいた。Vが示した認知的輪郭は，TSの少女や大人の女性が示す典型的なものだった。彼女に視覚的・空間的障害が見られなかったのは，言語が関係した読み書き，および計算の領域だ

けのことだったのである。この領域以外では，彼女には著しい視覚上・空間上の障害が見られた。[…]

ここで重要なのは，これらの観察結果が，一方においては言語，特に文法と，読解力などに依存した能力と，他方においては視覚記憶，視覚的創発能力，数字的推論，視覚的認知力，そして空間的認知力などを含む非言語的認知能力の間に乖離があることを，経験的な証拠を以て提供しているという事実である。[…]

チェルシーという，介護施設に保護されている成人女性は，ジーニーのそれよりももっと障害の激しい文法的輪郭しか持っていないのだが [...]，加減乗除ができ，金銭を間違いなく扱ってレストランや買い物の勘定もやってのけ [...]，帳尻のきちんと合った小切手帳を使い分けることができるのである。

[Genie's] cognitive profile — a severely limited grammar that lacked functional structure [...], alongside excellent vocabulary learning ability, good ability to initiate and sustain topics, excellent ability to apprehend complex hierarchical structure outside the realm of grammar [...], and superior visual and spatial cognition — compelled me to explore the issue of modularity further [...].

I have studied a number of TS children, including a mentally retarded girl, V, with an IQ of 68 [...] The profile V displayed is characteristic of those displayed by TS girls and women. Only within the language-related domains of reading and writing and in calculation does one see no evidence of a visual or spatial deficit. Outside these domains, one finds marked visual and spatial impairment. [...]

Of relevance here is that it provides empirical evidence for a clear dissociation between language, particularly grammar and language-dependent abilities such as reading, and a number of aspects of non-linguistic cognition, including visual memory, visual constructive ability, number reasoning, visual cognition and spatial cognition [...].

Chelsea, an adult linguistic isolate who shows a grammatical profile even more impaired than Genie's, [...] can add, subtract, multiply and divide, manipulate money well enough to conduct restaurant and shopping transactions [...], and keeps a correctly reconciled checkbook [...]. Curtiss (2012) pp. 68-77.

また Belhuis et al. (2014) は次のような考えを披露しています。

(11) 言語に必要な原形的「**先行装置**」はホモ・サピエンスが登場するよりずっと前からほとんどすべて存在していたと推定されている［…］言語の誕生にとって不可欠だったのは「**併合** (merge)」だったのだ［…］併合が登場すれば［…］人間言語の基本的本質が出現する。そういう状態になれば，進化の分析も，この極めて細かく定義された人間独自の表現型的形質，すなわち「併合」を，言語の前身と現在の言語の状態をつなぐ主要な要素としてそこに焦点を当てることが可能になる。「併合」の出現という変化は比較的微小なものなので，言語出現が急速に進むように見えることについて我々が知っていることとの調和が見いだせる。

[V]irtually all of the "antecedent machinery" for language is presumed to have been present long before the human species appeared [...]. The only thing lacking for language would be *merge* [...]

With *merge* [the] basic properties of human language emerge. Evolutionary analysis can thus be focused on this quite narrowly defined phenotypic property, *merge* itself, as the chief bridge between the ancestral and modern states for language. Since this change is relatively minor, it accords with what we know about the apparent rapidity of language's emergence. Belhuis et al. (2014) p. 5.

「併合」については，その術語は出さずに「再帰性」として，p. 104 の注 6 で日本文の例を挙げましたが，ここでは英語の文に併合が起こっている例として（12）を挙げましょう。

（12） The spectators believe that Lena knows that Angela regrets that Miranda spurs the horse.

終わりの spurs the horse という部分は英語の語彙項目（≒単語）である動詞 spur と決定詞句（determiner phrase；DP（冠詞や指示詞と名詞句を組み合わせた句））である the horse を組み合わせたものです。the horse は指示詞 the と名詞句 horse を組み合わせたものです。一般に，「**併合**」とは語彙項目や語彙項目の組み合わせの中から 2 つの項目を組み合わせることをそう呼ぶのだ，と理解してください。動詞のうちあるもの（spur はそのうちに含まれます）は DP と組み合わされて動詞句（verb phrase; VP）となります。そこで spurs the horse の部分は（13）の構造をしていることになります。

（13） [$_{VP}$ [$_{V}$ spurs] [$_{DP}$the [$_{NP}$horse]]] 注 9

これは現行の生成文法の表記では

（13′） [$_{spurs}$ spurs [$_{the}$ the [$_{horse}$ horse]]]

となります（厳密には [[$_{spurs}$ spurs] [$_{the}$ [$_{the}$ the] [$_{horse}$ horse]]] となるところですが，spur と the のように併合された要素が後続する場合には，簡略化のためラベル付き括弧を省略します）。

（14）の主語 Miranda は horse と同じように名詞・名詞句・決定詞句です。Miranda が名詞であることは学校文法でも習ったとおりです。friend も名詞ですね。my friend は名詞句でこれは学校文法でも生成文法でも同じです。ただ学校文法で Miranda のような単一の名詞は「句」ではないとされたのに対して，生成文法では単一の名詞にも my friend とか good friend の my とか good に相当する，ただし，形（音）のない修飾語がついていると考え，Miranda は名詞句でもあると考えるのです。同じように，Miranda は，（14）に示すように形のない定冠詞がついていると考え，決定詞句でもある，とするのです。決定詞句は動詞句と併合されて新しい組み合わせを作ります。併合の対象は語彙項目だけではなくて，併合によって出来上がった組み合わせも含むのです。決定詞句 Miranda は動詞句（13）と併合して（14）となります。

（14）　[VP [DP ~~the~~ [NP Miranda]] [V' spurs [DP the [NP horse]]]]

です（~~the~~ は，Miranda にも音のない定冠詞がついていると考えて，それを表しています。以下同じです）。これは現行の表記では，

（14′）　[spurs [~~the~~ ~~the~~ [Miranda Miranda]] [spurs spurs [the the [horse horse]]]]

となります。これが Miranda spurs the horse. という文の構成だとしましょう。

（14）を従属節を作る補文標識（Complementizer：C）である that と併合して CP（補文標識句）を作り，さらにこれを動詞 regrets と併合すれば

（15）　[VP regrets [CP that [VP [DP ~~the~~ [NP Miranda]] [V' spurs [DP the [NP horse]]]]]]

が出来上がります。現行の表記では，

(15′) [$_{\text{regrets}}$ regrets [$_{\text{that}}$ that [$_{\text{spurs}}$ [$_{\text{~~the~~}}$ ~~the~~ [$_{\text{Miranda}}$ Miranda]] [$_{\text{spurs}}$ spurs [$_{\text{the}}$ the [$_{\text{horse}}$ horse]]]]]]

です。さらに（15）を DP である Angela と併合すれば，

(16) [$_{\text{VP}}$ [$_{\text{DP}}$ ~~the~~ [$_{\text{NP}}$ Angela]]] [$_{\text{V'}}$ regrets [$_{\text{CP}}$ that [$_{\text{VP}}$ [$_{\text{DP}}$ ~~the~~ [$_{\text{NP}}$ Miranda]] [$_{\text{V'}}$ spurs [$_{\text{DP}}$ the [$_{\text{NP}}$ horse]]]]]]]

となります。現行の表記では（16′）です。

(16′) [$_{\text{regrets}}$ [$_{\text{~~the~~}}$ ~~the~~ [$_{\text{Angela}}$ Angela]] [$_{\text{regrets}}$ regrets [$_{\text{that}}$ that [$_{\text{spurs}}$ [$_{\text{~~the~~}}$ ~~the~~ [$_{\text{Miranda}}$ Miranda]] [$_{\text{spurs}}$ spurs [$_{\text{the}}$ the [$_{\text{horse}}$ horse]]]]]]]

つまり Angela regrets that Miranda spurs the horse. が出来上がります。（16）を補文標識 that と，そして動詞 knows と併合し，その結果を DP Lena と併合すれば（17）の出来上がりです。

(17) [$_{\text{VP}}$ [$_{\text{DP}}$ ~~the~~ [$_{\text{NP}}$ Lena]] [$_{\text{V'}}$ knows [$_{\text{CP}}$ that [$_{\text{VP}}$ [$_{\text{DP}}$ ~~the~~ [$_{\text{NP}}$ Angela]] [$_{\text{V'}}$ regrets [$_{\text{CP}}$ that [$_{\text{VP}}$ [$_{\text{DP}}$ ~~the~~ [$_{\text{NP}}$ Miranda]] [$_{\text{V'}}$ spurs [$_{\text{DP}}$ the [$_{\text{NP}}$ horse]]]]]]]]]]

（17）の現行表記は（17′）ですね。

(17′) [$_{\text{knows}}$ [$_{\text{~~the~~}}$ ~~the~~ [$_{\text{Lena}}$ Lena]] [$_{\text{knows}}$ knows [$_{\text{that}}$ that [$_{\text{regrets}}$ [$_{\text{~~the~~}}$ ~~the~~ [$_{\text{Angela}}$ Angela]] [$_{\text{regrets}}$ regrets [$_{\text{that}}$ that [$_{\text{spurs}}$ [$_{\text{~~the~~}}$ ~~the~~ [$_{\text{Miranda}}$ Miranda]] [$_{\text{spurs}}$ spurs [$_{\text{the}}$ the [$_{\text{horse}}$

horse]]]]]]]]]]

これをさらに動詞 believe と併合，その結果を DP the spectators と併合すれば，(18)（つまり (12) の文）のような（細部を簡略化した）構造が出来上がるわけです。

(18)　[$_{\text{VP}}$ [$_{\text{DP}}$ the [$_{\text{NP}}$ spectators]] [$_{\text{V'}}$ believe [$_{\text{CP}}$ that [$_{\text{VP}}$ [$_{\text{DP}}$ ~~the~~ [$_{\text{NP}}$ Lena]] [$_{\text{V'}}$ knows [$_{\text{CP}}$ that [$_{\text{VP}}$ [$_{\text{DP}}$ ~~the~~ [$_{\text{NP}}$ Angela]]] [$_{\text{V'}}$ regrets [$_{\text{CP}}$ that [$_{\text{VP}}$ [$_{\text{DP}}$ ~~the~~ [$_{\text{NP}}$ Miranda]] [$_{\text{V'}}$ spurs [$_{\text{DP}}$ the [$_{\text{NP}}$ horse]]]]]]]]]]]]]

that の補部になっている節を VP として表記していますが，より正確には時制 Tense の句，TP として表記するのが標準的です。しかしここではこのようにしておきます。(18) の現行表記は (18′) です。

(18′)　[$_{\text{believe}}$ [$_{\text{the}}$ the [$_{\text{spectators}}$ spectators]] [$_{\text{believe}}$ believe [$_{\text{that}}$ that [$_{\text{knows}}$ [~~$_{\text{the}}$~~ ~~the~~ [$_{\text{Lena}}$ Lena]] [$_{\text{knows}}$ knows [$_{\text{that}}$ that [$_{\text{regrets}}$ [~~$_{\text{the}}$~~ ~~the~~ [$_{\text{Angela}}$ Angela]] [$_{\text{regrets}}$ regrets [$_{\text{that}}$ that [$_{\text{spurs}}$ [~~$_{\text{the}}$~~ ~~the~~ [$_{\text{Miranda}}$ Miranda]] [$_{\text{spurs}}$ spurs [$_{\text{the}}$ the [$_{\text{horse}}$ horse]]]]]]]]]]]]]

もう１つ例を挙げましょう。

(19)　witness the destruction of the city

です。まず the city の構造表記は

(20a)　i. [$_{\text{DP}}$ the city]

で，現行表記では

(20a) ii. [the the city]

です。（厳密には [the the [city city]] ですが，この [city city] という部分を単に city と表記します。以下同様。）次に，of が併合されて of the city となります。この構造は，

(20b) i. [PP of [DP the city]]

ですが，最小探索（minimal search）[注10] では，先に of が見つかり，the は内側の括弧の中ですから，of がレイベルになり，現行表記では，

(20b) ii. [of of [the the city]]

となります。これに destruction が併合されると，

(20c) i. [NP destruction [PP of [DP the city]]]

が得られます。minimal search では destruction が先に見つかるので，(20c-ii) のようになります。

(20c) ii. [destruction destruction [of of [the the city]]]

これに the を併合し，witness を併合した結果は，

(20d) i. [VP witness [DP the [NP destruction [PP of [DP the city]]]]]

となります。最小探索に基づくレイベル付与による現表記では

(20d)　ii. [$_{\text{witness}}$ witness [$_{\text{the}}$ the [$_{\text{destruction}}$ destruction [$_{\text{of}}$ of [$_{\text{the}}$ the city]]]]]

です。併合とはこのように，語彙項目や併合によって出来上がった構造から２つの要素を選んで結び合わせる過程で，何遍でも繰り返し行えます。併合が注６で述べたように，**再帰的**（recursive）であると言われるのはこのためです。たとえば（18）は，Ava says her father is sure that Nora doesn't realise that [...] などと併合すれば，無限に長い文となり得ます。併合はどの自然言語にも見られますから，日本語でも，無限に長い文，無限の数の文が生成可能なのです。併合についてのより詳しい情報は，Chomsky (1995)，外池（1998）から得てください。

併合について付け加えることがあります。２つの統語体ＸとＹが併合される場合，ＸとＹの関係には２種あります。と言うより論理的に２種しかあり得ません。１つはＸとＹが共通の要素を持たない場合で，もう１つはＸとＹの一方が他方に含まれている場合です。前者のX，Ｙの間で行われる併合を「**外的併合**（External Merge）」，後者のX，Ｙの間で行われる併合を「**内的併合**（Internal Merge）」と呼びます。Ｘが read，Ｙが books とするとこの２つを併合するとすればそれは外的併合で，結果は read books です。それに対して，Ｘが he will read which books でＹが which books だとしますと，ＹはＸに含まれていますね。ここで併合が起これば それは内的併合で，結果，which books he will read which books です。次の派生段階で，Ｘを which books he will read which books とし，Ｙを guess として併合を行うと，今度のＹはＸに含まれていませんから，外的併合が起こり，guess which books he will read which books が誕生します。which books が２つあるわけですが，read which books の which books も read の目的語であることが分からないと困りますから，遅くとも意味解釈の段階までは残っています。２つある

which books のうち，通常，後のものでは消去され（＝音を消し），たとえば Guess which books he will read? などになるわけです。要素が発音されるところと異なる場所で解釈されるという，言語に多く観察される「**転移**（displacement）」という現象はこの内的併合によりもたらされるものです。外的併合は，基本的に，論理構造を作り出すものであり，内的併合は，焦点，トピック，新情報など，談話に関連した情報を伝えてくれるものとされています（直前の部分はチョムスキーが Chomsky（2021）の中で「意味論の二元性（duality of semantics）」と呼んでいるものを指しています。深く知りたい方は同論文を参照してください）。

次の引用は，ホモサピエンスに他の生物にはない特質を与えたものは言語の出現であり，それは「二次適応」によるものであることを強く示唆しています。

(21) 我々ホモサピエンスは，ある時突如として，それまで超えたことのない海域をためらいもなく渉り切ってアフリカを後にし，やがてほんの数万年のうちに地球上の各地に仮借なく拡がるという業(わざ)を成し遂げた。この，我々をネアンデルタールとはかけ離れた存在に祭り上げた偉業が可能であったからには，それを鼓舞・誘発した何かがあったに違いない。それは何だったのだろうか？

ペーブ[注11]は特に，ネアンデルタールには現代の象徴的行動に見られる比喩的な絵画彫刻やその他の策略が欠けていた点を指摘している［…］どうやら我々の祖先はアフリカを離れた時点でその“あるもの”を持っていたものと思われる。その“あるもの”とは言語であったのだ，と我々は推測するのだ…道具使用の始まりとか，火の利用，退避施設，あるいは比喩的絵画彫刻といった新機軸に関しては，我々はいかなる種類の「漸進性」にも遭遇していない。火の統制された使用は約百万年前に始まっているが，上記“あるもの”の出現はホモ・エルガステル[注12]出現から優に50万年もかかっている。タタゾルは次のように指摘している。

すなわち，この革新的急転に先立つ典型的停滞は「二次適応」という概念に一致している，と。つまり，自然適応による進化は，常に，すでに存在する諸特性を新しい用途に合併吸収する，というのである。何らかの特性が将来役に立つなどという「予知」はあり得ない。革新は，したがって，それが究極的に選択される機能とは無関係に成立するのだ。

[S]omething must have set us apart from the Neandertals, to prompt the relentless spread of our species who had never crossed open water up and out of Africa and then on across the entire planet in just a few tens of thousands of years. What was it?

[...] Pääbo singles out the lack of figurative art and other trappings of modern symbolic behavior in Neanderthals [...] Evidently our ancestors moving out of Africa already had "it," and the "it," we suspect [...] was language [...] What we do not see is any kind of "gradualism" in new tool technologies or innovations like fire, shelters, or figurative art. While controlled use of fire appears approximately one million years ago, this is a full half-million years after the emergence of *Homo ergaster*. Tattersall points out that this typical pattern of stasis followed by innovative jumps is consistent with the notion of "exaptation" — that is, evolution by natural selection always co-opts existing traits for new uses; there cannot be any "foreknowledge" that a particular trait would be useful in the future. Innovations therefore arise independently of the functions that they will be eventually selected for.

Berwick and Chomsky (2016) pp. 38-39.

科学の出発点では「狭い入口」が必要だ，ということはすでに何遍か述べました。この「簡潔性」は，言うまでもなく，目標においても不可欠です。**できる限り簡潔な仮説・前提に基づいてすべての事象を説明することが科学の目標**なのですから。ということは研究途上の段階，言ってみれば「中間的目標」についてももちろん言えます。次の引用の傍点（今井による）箇所を十分に心に留めておいてください。

(22) ［発生したのは］もちろん，個別言語ではなくて，言語一般を可能にする能力——すなわち普遍文法である。個別言語群は変化はするが，発生・進化はしない…普遍文法というものは，その中核においてはかなり単純なものであるに違いない。そうだとすると，個別言語群の見かけ上の複雑性と多様性は，各言語共通の能力が発生した後に起こった変化から導出され，発生によって生じたのでは全くないシステムの末梢的な構成要素の中におそらく局在化したのだと考えられる…1つの科学分野の中に複雑性と多様性があるかに見えるとき，それはきわめて多くの場合，理解の深さが十分でないことの反映に過ぎない。これはいささかも珍しくない現象である。

[What has evolved] is, of course, not languages but rather the capacity for language — that is, UG. Languages change, but they do not evolve. [...] UG must be quite simple at its core. If so, then the apparent complexity and variety of languages must derive from changes since the shared capacity evolved, and is probably localized in peripheral components of the system that may not have evolved at all [...]

[T]he appearance of complexity and diversity in a scientific field quite often simply reflects a lack of deeper understanding, a very familiar phenomenon.

Berwick and Chomsky (2016) pp. 91–93.

生物は皆，より単純な形態からより複雑な形態へと「進化」してきました；だから人間言語もダーウィンの進化論と同じような意味での進化により生まれたと考える人がいても不思議ではないのです。ダーウィンの唱えた自然選択は，引用（４）で明らかにしたとおり，非常に時間のかかる（何世代にもわたる微細な変化の遺伝を必要とする）出来事です。これに対して生成文法では，言語は自然選択ではなく，二次適応によって生じたと主張していることはすでに述べましたが，もう１つ引用を加えましょう。

(23) 我々は言語の進化についてはほとんど何も分かっていないと言える。[…] ただ，あることは確かに分かっている。言語が出現してから今までにどれほど経っているか，だ。5万年を超えるか超えないかだったと主張できる。5万年よりどれだけ多いか少ないかは問題ではない。**《進化という観点から見れば》瞬間のこと**だからだ。突然，あることが起こり，その結果この莫大な文化遺産その他の爆発的出現が生じたのだ。さて，何が起ったのだろう？　起こりえた唯一のことは――それ以外の可能性は考えにくい――再帰的計算能力が突如として生まれたのだ。
We know almost nothing about the evolution of language [...]. But we do know something. You can roughly fix the time span. You can argue fifty thousand years more or less, but that doesn't matter; it's basically instantaneous 《from an evolutionary point of view》. Something suddenly happened, and then there is this huge explosion of artifacts and everything else. Well, what happened? The only thing that could have happened — it's hard to think of an alternative — is that suddenly the capacity of recursive enumeration developed.
Chomsky (2012) p. 51.

科学構築の出発点から広すぎる事柄を説明しようとすると，入り口だけで困難に陥り，先へ進めなくなってしまいます。言うまでもなく，ホモサピエンスは二次適応で生じた言語機能によって他の生物にはない特質を得た，と生成文法は主張しているわけですが，これを次の項で，少し違った角度から解説してみましょう。

3　言語の内在性・生得性

「チョムスキー革命」によって何が起こったのでしょうか？　単純な言い方をするなら，答えは，それまでの経験論的言語観が捨て去られ，合理論的言語観に取って代わられたということになります。経験論・合理論という区別は大昔からあり，両者を定義すれば，(24)，(25) となります。

(24)　経験論：「人間の知識は，生後の経験から得られる」とする考え。

(25)　合理論：「確実な知識の源泉には，経験に先立つ，生まれながらの知がある」とする考え。

ギリシアならプラトン（Plato, 428-348 BC)，近世ではデカルト（René Descartes, 1596-1650)，ライプニッツ（Gottfried Wilhelm Leibniz, 1646-1716）らの思考が合理論で，経験論の方は，ギリシアではアリストテレス (Aristotle, 386-322 BC)，近世ではベーコン（Francis Bacon, 1561～1626)，ロック（John Locke, 1632-1704）などが代表者として教科書等に出てきます。けれども合理論は，特に言語論に関しては 19 世紀以降ほとんど顧みられなくなっていましたので，チョムスキーの理論，つまり生成文法 (Generative Grammar) の登場は，復活というよりは，やはり革命と呼ぶべきでしょう。

チョムスキーの本，あるいは生成文法に関する解説などに必ず出てくる「**プラトンの問題**（Plato’s problem)」ということばがあります。生成文法の合理論的立場を表したものです。「人間は，限られた資料しか与えられないのに，どうして日本語・英語などの個別言語――これらはいずれも豊富かつ困難な存在です――を獲得できるのか？」ということです。同じ趣旨で「**刺激の貧困**（poverty of stimulus）」という用語も存在します。この用語の意味は「環境から得られる刺激は極めて限られたものでしかないのに，ヒトはどうして母語を容易かつ完全に習得できるのか？」ということで，答えはすでに明らかですね。「人間には生得的な言語機能が存在するからだ」，です。

言語観の変遷に関するチョムスキーのことばをさらに聞いてみましょう。

(26)　生成文法という研究方針は，言語に関する諸問題への接近の焦点に極めて重要な切り替えをもたらした。詳しくは後に述べるが，簡単な言い方を用いれば，この切り替えは行動や行動の産物から，行動の原動力となる心／頭脳の働きへの焦点の切り替えであった。心／頭脳の働きへの焦点の切り替え，ということになれば，研究の中心は，言語という知識，つまり言語の本質，言語の源泉，言語の使用ということになる。

The study of generative grammar represented a significant shift of focus in the approach to problems of language. Put in the simplest of terms, to be elaborated below, the shift of focus from behavior or the products of behavior to the states of the mind/brain that enter into behavior. If one chooses to focus attention on this latter topic, the central concern becomes knowledge of language: its nature, origins and use.

Chomsky (1986) p. 3.

もう少し彼のことばに耳を傾けてみましょう。

(27)　［考究への焦点切り替えは］実際に起こった行動と潜在的行動お

よび行動の産物から，言語の使用と理解の根源となっている知識のシステムへの切り替え，そしてさらに重要なこととして，そのような知識を得ることを人間に可能にしている生得的な資質への切り替えであった。[…] その転換は [...] **外在化された存在と考えられていた言語**の研究から，獲得され，心／頭脳に**内的に表象されている言語知識**の体系の研究への転換であった。生成的文法［中略］は，人間がある１つの言語を知っているということは，厳密に言って，何を知っているということなのか，すなわち，生得的な原理によって何が獲得されたのかを描き出そうと意図する。普遍文法というものは，こうした生得的，生物学的に確定された原理——人間の心／頭脳の１つの構成要素——，すなわち言語機能を特色づけるものである。

[T]he shift in focus of attention was] from actual or potential behavior and the products of behavior to the system of knowledge that underlies the use and understanding of language, and more deeply, to the innate endowment that makes it possible for humans to attain such knowledge. [...] [T]he shift in focus was from the study of language regarded as an externalized object to the study of the system of knowledge of language attained and internally represented in the mind/brain. A generative grammar [...] purports to depict exactly what one knows when one knows a language: that is, what has been learned, as supplemented by innate principles. UG is a characterization of these innate, biologically determined principles, which constitute one component of human mind — the language faculty. ibid. p. 24.

(27) の太字部分に注目してください。切り替えは「外」から「内」への切り替えだったとチョムスキーは言っていますね。19 世紀後半から生成文法の登場まで，多くの言語学者・哲学者は「言語は人間の外側にある何か」であると考えていました。「外側にある何か」というのは，たとえば日本語・ドイツ語・フランス語といった個々の自然言語の文法や，その文法によって作り出される適格文（≒文法的な文）の集合です。生成文法登場前のアメリカで支配的だった構造言語学の代表的研究者ブルームフィールド（Leonard Bloomfield, 1887-1949）は「言語とは1つの言語共同体で作り出しうる発話の総体である」（The totality of the utterances that can be made in a speech community is the language of that speech community. [Bloomfield（1926）p. 155]）と言っていました。

またある人々は，言語とは，白紙状態の脳を持って生まれてきた人間が，社会に入り，そこで学習するいろいろな習慣と同じ，社会的な対象と考えていたのです。

“あれ，そうじゃないんですか？”という声が聞こえてくるかもしれません。何を隠しましょう，筆者だって学部学生時代ぐらいの昔は何となくそう考えていたように思います。しかし科学の対象としての言語は，チョムスキーの言う「内側にある言語」であるというのが正しいと今は信じています。「内側にある言語」とは何でしょうか？

読者諸賢のほとんどの方の母語は，前にも触れましたが，日本語だと思います。で，諸賢はその日本語をいつか，どこかで「学習」しましたか？「行カナイ，行キマス，行ク，行ク人，行ケバ…」などと唱えたのは中学になってからで，幼いときにそんな訓練は受けませんでしたよね。それなのに幼稚園に行く前からこうした「活用」はちゃんと使いこなしていたわけです。なぜでしょう？　それは，人間には生まれつき聴覚や視覚が備わっているように，言語も生まれつき人間に備わっているという考えです。言い方を変えると，眼を視覚器官，耳を聴覚器官と呼ぶように，「**言語器官**（language organ)」と呼ぶべきものが，生まれつき人間に備わっている，という主張なのです。これがチョムスキーの言う「言語学の考究対象となるべき言語」なのです。この「言語器官」を，彼は，上記のように，「**言語機能**（language faculty)」と呼んでいますし，また，「**言語獲得装置**

(language acquisition process)」とも，そして「**普遍文法**（Universal Grammar)」とも呼んでいます。ただ，注意してほしいのは，日本人は日本語を背負って生まれてくるとか，イギリス人は生まれながらに英語が身に付いている，という意味ではありません。人間の赤ん坊が，生まれてしばらく経つと誰に指導されることもなしにものが見えるようになり，音が聞き分けられるようになるのと同じように，生まれて4，5年のうちに，誰からの指導を受けることもなしに，周囲で支配的に使われている言語を使えるようになる，ということなのです。コーカサス人種（いわゆる“西洋人”やイラン人など）の赤ん坊でも日本で乳幼児時代を過ごせば日本語が母語になりますし，日本人を両親とする赤ん坊でも，たとえば英語を母語とするイギリス人夫婦の養子となってイギリスで育てば，英語が母語になります。つまり人間は，人間言語ならどの言語でも，周囲の支配的言語次第で，**教わる必要なしに獲得できる「源」**を生まれながらに持っているのです。この「内在的言語」をチョムスキーは（28）に見るように「**I（アイ）言語**」とも呼んでいます。

(28)　I言語とは，その言語を知っており，その言語の獲得者であり，その言語の話し手かつ聞き手である個人の心／頭脳中に存在する何らかの要素である。言語をI言語として捉えるならば {…} 文法（＝言語研究）にとっては，いかなる科学理論の場合とも同じように，ある研究成果が真か偽かという問題が生じてくるのである。

The I-language [...] is some element of the mind of the person who knows the language, acquired by the learner, and used by the speaker-hearer.

Taking language to be I-language [...] then questions of truth and falsity arise for grammar as they do for any scientific theory.

Chomsky (1986) p. 22.

Ｉ言語のＩは何の略であるかについて，彼は後に次のように述べています。

(29)　「I」の字はＩ言語という概念が**内在的**で，**個人的**で，**内包的**（intensional で intentional ではない）であることを明確に示している。
“I” underscores the fact that the conception is internalist, individual and intensional (with an “s,” not a “t”).
Chomsky (2004)* p. 3.

そしてＩ言語に対するものを**Ｅ（イー）言語**と名付けています。

(30)　構造言語学，記述言語学，行動主義心理学や，その他の現代の接近法は，言語を，行為，つまり発話，ないし言語形式が意味と組み合わされたもの，あるいは言語形式または言語的出来事のシステムと見なす傾向があった［…］
　このような専門的概念を「外在化された言語」(E 言語）の事例と呼称しよう。その意味するところはこうした構造体は心／頭脳から離れたものとして理解されるということである。
Structural and descriptive linguistics, behavioral psychology and other contemporary approaches tended to view a language as a collection of actions, or utterances, or linguistic forms [...] paired with meanings, or as a system of linguistic forms or events [...].
　Let us refer to such technical concepts as instances of “externalized language” (E-language), in the sense that the construct is understood independently of the properties of mind/brain.
Chomsky (1986) pp. 19-20.

日本語，英語，フランス語等の「自然言語」が持つ個々別々の特徴は，むろん生まれたての人間のＩ言語には属していません。単語がまず違いますね。“犬”，“dog”，“chien” のように。語順も違います。「私は―貴女を―愛している」は主語―目的語―動詞の順ですが，英語ではI love you. と，主語―動詞―目的語の順ですね。フランス語は一見すると日本語と同じでJe vous aime. です。Je がI, vous が you，aime が love に当たります。ただ，これは，vous が代名詞なので動詞の前に来るという現象がフランス語にあるためで，目的語が mes enfants「私の子供たち」のように非代名詞（普通の名詞句）だと，J'aime mes enfants（Je と aime が隣り合うと J'aime となります）と英語（I love my children.）と同じ語順になります。I go to school. の to は前置詞ですね。school は to の目的語です。フランス語にも前置詞があってI go to school. に当たるJe vais à l'école. では à（＝to）が前置詞，l'école（＝the school）が目的語です。日本語の「私は学校に行きます」の助詞「に」は英語・仏語の前置詞と同じ役割を果たしているので「後置詞」などと呼ばれることもあります。名前のとおり，日本語の後置詞と目的語，英語・仏語の前置詞と目的語との順序は逆ですね。こうした違いは，I 言語に備わっている**普遍文法**を通じて処理されるのです。

4　普遍文法

普遍文法は**ミニマリストプログラム**（Minimalist Program；最小主義的プログラムとも呼ばれます）に立脚していて，一般的な「**原理**（principles）」と，それに付随した個別的「**パラミタ**（parameters）」から成っています。具体例を挙げると，まず，語順に関する原理に付随するパラミタの例として「主要部パラミタ」というのがあって，これが日本語の「貴女を愛する」対英語の love you の語順の差を決定します。動詞と目的語を合わせた構造を「動詞句（verb phrase）」と言い，動詞をその動詞句の「**主要部**（head）」，目的語を「**補部**（complement）」と言いますが，日本語のように主要部が補部の右側に来る言語を**主要部後行型言語**と呼び，英仏語のように主要部が補部の左側に来る言語を**主要部先行型言語**と称します。前・後置詞（主要部）と目的語（補部）の順序も，日本語は「学校に」と主要部後行型で，英仏語は to school/ à l'école と主要部先行型ですね。「**pro 脱落パラミタ**（*pro*-drop parameter)」というのもあって，これによって（31）の日本語・イタリア語のような「**代名詞主語省略言語**（pro 省略言語)」と英語・仏語のような「**非・代名詞主語省略言語**（非・pro 省略言語)」が区別されます。

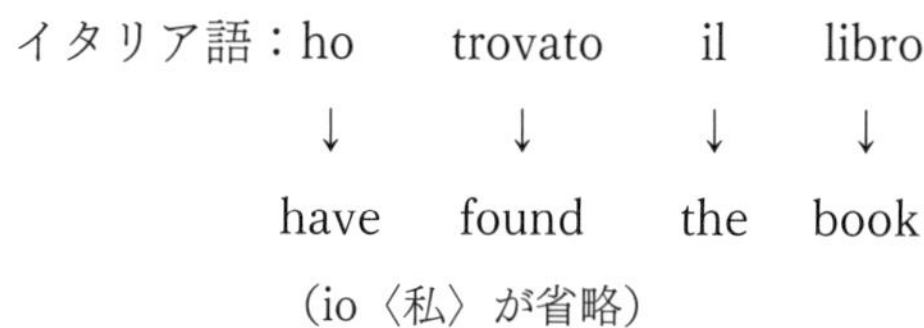
(31)　日本語：「本を見つけました」
（「私は」が省略）
イタリア語：ho　trovato　il　libro
↓　↓　↓　↓
have　found　the　book
（io〈私〉が省略）

くどいようですが，次項では，普遍文法が，つまり言語機能が，なぜ内在的・生得的であると考えるべきなのか，別の例を用いて説いてみましょう。

5　なぜ内在的・生得的と考えるほかないのか？

5.1　学習不要性

例によって，読者の皆さんのほとんどの母語は日本語だ，という前提で述べますが，読者はいつか，どこかで日本語を習いましたか？　小学校に入ると「国語」という授業がありますが，入学前の皆さん方が日本語を使えなかったはずはありませんね。小学校１年生の山田君が帰宅後に「今日は鈴木君が筆箱を忘れてきちゃったんで，鉛筆を貸してやったんだ」と言ったとしても，誰もその言語活用能力にびっくりはしないでしょう。でも，もし「生まれたときの頭脳は言語について白紙状態で，大人に教えてもらったり，周りの大人や自分より大きい子供の使うことばを聞いて覚えることで母語を獲得するのだ」という説が正しければ，びっくりしなければならないはずです。なぜならこの１年生に「日本語では目的語（筆箱）は，英語と違って，動詞（忘れる）の前に来る」ということを誰が教えたのでしょう？　それに，山田君にとって，周りの誰かが筆箱を忘れた，という経験は生まれて初めてだったかもしれません。すると彼が言った「筆箱を忘れてきちゃった」という文は，誰がいつ発した文を覚えていたのでしょう？　母語が体得できるのは，生得的な言語機能のおかげだ，と考えざるを得ないのです。

5.2　迅速性

子供が母語を獲得するのはずいぶん速いですね。子供次第で速い遅いの差はありますが，障害がなければ4〜5歳ごろには，難しい単語は別として，母語の獲得は完成するようです。3年保育で幼稚園に入園した子でも，健常ならば，先生になにかを伝えようと思ってもことばが使えない，先生のことばがわからない，ということはありません。読者諸賢のほとんどは，中学・高校で600時間を超える英語の授業を受け，自習もしたと察せられますが，失礼ながら，日本語と同じくらい上手に英語を使えますか？

それと比べると日本語の獲得は超迅速であったと言うしかないでしょう。これは，言語機能の「言語吸収支援力」には「臨界期」があるらしく，4・5歳を過ぎると極めて弱くなるため，我々は中学生以降，あるいは早くても小学校高学年からの外国語学習には多かれ少なかれ困難を感じねばなりません。このことは，逆説的に，臨界期以前に働いてくれる言語機能（普遍文法）が生得的であることの証拠と言えます。

5.3　無限性

併合の再帰性については，まず注６で，さらには（12）から（20d-ii）に至る例を用いて説明しました。併合が再帰的であるからこそ，人間は無限の数の，また無限の長さの発話を作り出すことができるのです。もちろん，無限の数・長さの文（≒発話）を作り出せる個人がいるというわけではありません。しかし無限である自然数を永遠に数え続ける個人がいないことが，自然数の無限性に対する反証にならないのと同じく，このことは文の無限性に対する反証とはなりません。再帰的併合が生得的に言語機能に属しているからこそ，人間は無限の数・長さの文を作り出すことができるのです。

5.4　脳との関係

第１章の1．7．3．１で「特異性言語障害」に触れました。この症状を持つ人に精神発達遅滞はありません。これは脳の中のある部位，ないしはその部位の機能だけに問題があるので，脳の他の部位には問題がないのです。20もの外国語を自由に操るサヴァン，クリストファーは言語機能のみが突出して優れていて他の認知体系は劣っている例です。

ウィリアムズ症候群という症状についても読みましたね。この障害を持つ人は，動物の名前を挙げろと言われると珍しい動物の名を次々に挙げられるし，第１章（102）の文例もまったく異常なしでした。

また，第１章（103）にカクテルパーティー症候群の少女ローラの発話を挙げました。ウィリアムズ症候群の人が「言語形式形成能力」とその形式の「使用能力」の両方を備えているのに比べ，カクテルパーティー症候群の人の言語形式形成能力は，言語関係を除く認知能力だけでなく，言語形式使用能力からの領域特定性を持っている，と１章で説明しました。さらに本章（10）では言語機能を他の認知機能との乖離の例として挙げました。これに関して，p. 105の図２を見直してください。内側の輪，つまりFLNの中に「無色で」「緑色の」「アイディアが」「猛然と」「眠っている」ということばが見えますね。これをこの順に並べると，

(32) 無色で緑色のアイディアが猛然と眠っている。

という「文」になります。(32) の基になった英単語の結び付き，

(33) Colorless green ideas sleep furiously.

も，「常識」に照らすと，果たして引用符なしに文と呼べるかどうか迷うところです。「無色で緑色の」というのは矛盾していますし，アイディアに色があったりなかったりというのも変です。アイディアが「眠る」というのもたとえ話でない限り，おかしな話ですし，「静かに眠る」なら話がわかりますが，猛然と眠るとは一体どういうことでしょう。(33) についてもまったく同じことが言えます。

けれどもFLN中にある「**計算システム** (computational system)」(≒統語論≒文法) は (32)・(33) に類する構造を作り出す，と考えるべきです。生成文法が考える統語論とはそういうものなのです。そして，上で言及したカクテルパーティー症候群の少女の発話を思い出してください。第1章 (103) の日本語も原文の英語も，どちらも言語機能の計算システムによって作られたものであることは否定できません。

さて，眼で，つまり視覚器官で音は聴けません。聴覚器官でものを見るのは不可能です。それと同じように言語は，言語機能，つまり言語器官によってのみ生成されるものであって，一般的認知機能（というものがあるとしても）によって生み出されるものではない，というのが生成文法の基本理念だったはずです。ところが近年，この点に何かの変化が生じたのか，と思わせる論述を見かけるようになりました。次項でこれを論じたいと思います。

5.5　言語機能の自律性——第3要因との関連において

(9), (10) その他の例で，言語機能が他の認知機能と明確に分離されている旨を強調しました。その一方で，(32)・(33) が「珍文」であることを明らかにするとか，あるいは相手にひどい物言いをしてしまったので言い直す場合，また，第1章 (103) を聞いてその少女に障害があることを悟るときなどは，p. 105 の図2の左側にある「文化的環境」や「社会的環境」等の「外的環境」に立脚する要因，つまり言語機能の外側にある要因が働くのではないか，もしやそれが「第3要因」の一部を成すということがあるのではないか，といった疑問を抱く読者がおられるかもしれません。

マギルヴレイも，たとえばChomsky (2012) の中で次の (34), (35) のような質問をチョムスキーに対して発しています（[　] は筆者による挿入，《　》は原文の挿入を示しています）。

(34)　UGについて [つまり個人における言語発達に関して] 明確に知りたいのですよ。[…] [あなたの主張によれば] 個人における言語発達においては，あなたが強調してきた第3要因なるものからの貢献を考慮に入れなければならない，となっていますね。そうだとすれば《言語の》モジュール性が疑わしくなると思うのですが，どうでしょう？
I'd like to get clear about [...] UG [...], [concerning the notion of language development in a particular individual,] where《you claim》you have to take into account [...] the contributions of this third factor that you have been emphasizing. I wonder if that doesn't bring into question the nature of modularity《of language》. Chomsky (2012) p. 59.

(35)　あなたがLSA（アメリカ言語学会）で発表した論文 [＝Chomsky

(2005)］と第 3 要因強調を見ると，認知科学に関するある本への寄稿として生得性についての 1 つの章を書こうとする私の努力にいささか水を差すことになりましたよ。
［Y］our LSA paper and the emphasis on the third factor threw a bit of a monkey wrench into my efforts to write a chapter on innateness as a contribution to a book on cognitive science ［...］ Chomsky (2012) p. 132.

さらに同書の補遺（対談後の整理部分）では．

(36) ミニマリスト・プログラムが，併合を，例外なしの原理として唯一必要な存在であるとみなす考えを一層強め，また，パラミタというものは「言語発達に対する一般的制約にすぎない」という示唆をさらに広めるにつれて，人間の遺伝子に含まれる言語に特有な命令セット（実行可能なすべての命令の集り）は次々と少なくなっていく。その発達とはチョムスキーの言う言語成長と言語が装う形状に対する「第 3 要因」の貢献に含まれる非生物学的因子によって構成され――そして設定される――存在なのである。
［W］ith the Minimalist Program's growing acceptance of the idea that Merge is all that one needs in the way of an exceptionless principle, and the further suggestion that parameters might even amount to general constraints on the development constituted by — and set by — the non-biological factors included in what Chomsky calls "third factor" contributions to language growth and the shape that a language takes, the burden placed on the language-specific instruction set included in the human genome becomes less and less.

Chomsky (2012) p. 245.

と言明しています。

チョムスキーのChomsky（2005）での説明は（37）に見るとおり，いくぶん抽象的です。

(37)　第3要因はいくつかの下位タイプに分けられる。すなわち，(a) データ分析の原理；これは言語獲得にも用いられるし，他の領域でも使われる。(b) 組織だったアーキテクチャー（論理的構造）と発達上の制約の原理；これは広い領域の行動の構成素となり，中でも計算上の効率の原理を含んでいる。計算上の効率の原理は言語のような計算的システムにとっては特別な重要性を持つと期待されている。

The third factor falls into several subtypes: (a) principles of data analysis that might be used in language acquisition and other domains; (b) principles of structural architecture and developmental constraints that enter into [...] action over a wide range including principles of efficient computation, which would be expected to be of particular significance for computational systems such as language.

Chomsky（2005）p. 6.

多少抽象的とは言え，これによって第3要因が「言語に特化されたものではない」と見なされていることがわかりますね。またチョムスキーはChomsky（2012）で（38）のように，第3要因がまだ明らかでない部分を持っている旨を示唆しながらも，それが第1・第2要因と共に言語研究にとって不可欠であることを主張しています。

(38)　言語獲得においては，何らかのメカニズムが働いていることを疑っている人はいませんね。[…] そう，アブダクションです。それもパース[注13, 14]の言う アブダクションです。[…] 彼［＝パース］はアブダクションは本能の１つであるという点を強調しました。［…］我々人間にはアブダクションを行う本能があって，我々にとって選択可能な仮説の陣立てをあらかじめ限定してくれるのです。で，我々にその本能がなかったら何も始まらないわけです。つまり，生成文法が採用したのは，そうした枠組みだったのですよ。［…］普遍文法[注15]，または第３要因が選択肢の一覧を我々に示してくれ，言語獲得は選ばれた選択肢の内部で起こるのです。ところがその後には，［非常に難しい］問題が控えています。第１要因と第３要因がどのようなものであるか，この２つの要因が言語獲得にどのような貢献をしているかを見極めることです。［…］我々が選択しなければならない理論の候補が無限に数多かったならば，我々は動きようがありません。したがって何らかの選択制限が必要です。［…］だから，秘教の信者か何かでない限り，その選択制限は第１要因か，または第３要因によって与えられねばならず，つまりそれは何らかの特定的な発生学的（＝遺伝上の）資質によって与えられるか，世界の作動の仕方を決めている何かの一般原則から与えられるのだ，ということです。そうした２つの要素は一体化して，我々科学者が前提としなくてはならないとパースが認識した選択制限された仮説の集合へと我々をいざなうのだ，という点を我々は認識すべきなのです。［…］

だから我々が採りうるただ１つの道は，第１要因と第３要因の何らかの結合が科学における最高の説明を発展させる能力を我々に与えていると考えることなのです。

Nobody doubts that there's some kind of acquisition mechanism going on. [...] [W]ell, it's abduction, Peirce's abduction. [...] [H]e [=Peirce] emphasized the point that this is an instinct. [...] [W]e have an abductive instinct which restricts in advance the array of hypotheses that we can select;

> and unless you have that, nothing's going to happen. Well, that's sort of the framework that's taken over in generative grammar [...]. Universal Grammar or the third factor gives us an array of options, and acquisition works within the channel. Then comes the [very difficult] questions of figuring out the first and third factor and how they contribute to it. [...] If there're infinitely many theories that you can choose from, we get nowhere; so you have to have some kind of restriction. [...] And if you're not a mystic, it comes from either the first or the third factor. Either it comes from some specific genetic endowment or some general principle of the way the world works. You have to assume that they have to integrate to lead you to the restrictive hypotheses that Peirce recognizes that you have to assume. [...]
>
> So what we're left with is that some combination of the first and the third factor must be giving us the capacity for developing the best explanations in science — or in ordinary life for that matter. Chomsky (2012) p. 96.

これでかなりはっきりしてきましたね。科学では「狭い入口が必要だ」ということを何遍ともなく言いましたが，入り口となり得る仮説が無限にあるのでは，何から始めたらいいのかわかりませんね。しかし幸いにも人間には「アブダクション」という本能的推論法があって，正しい仮説選択を可能にしてくれることがある，というわけです。「ことがある」とわざわざ言うのは，昔であれば構造言語学，現代であれば認知言語学は，正しい仮説選択をしているとは筆者には思えないからです。

第３要因が文化的環境や社会的環境等を含むのではないか，という問題についてチョムスキーは（38）の最後の１文（ダーシの後の）によってそれに関与しそうな可能性を示していますが，後続のページで事実上否定しています。

さて「アブダクション」は，重要な概念ですので解説が必要です。

科学的説明原理を求めようとする場合，いくら資料が豊富にあっても，その資料を演繹・帰納どちらかの推論法を用いたのでは，原理は生まれてきません。演繹は，前提が明らかに真であることが判っていなければ行っても無駄ですし，帰納の方も，経験を超えることは不可能に近いので，やはり新原理導入には役立ちません。新しい説明原理を発見するには，もう1つの推論法「アブダクション」を必要とするのです。アブダクションは(39) のような形式をとっています。

(39) i. ある不可解な事実・現象Cがある。
ii. しかし，もしAが真であるとすると，Cは少しも不可解でなく，当然のこととなる。
iii. よってAを真と考えるべき理由がある。

1934年に湯川秀樹博士は「中間子説」という理論を発表しました。それまでの物理学では，陽子と中性子がどうして強く結び付いているのかが謎でした。この謎が (39i) に相当します。そこで湯川は中間子という素粒子が存在し，これが陽子と中性子の間を言わば往復して両者を結び付けているのだという仮説を立てました。この仮説が真であれば陽子と中性子の強い結び付きは謎でなくなります。これが (39ii) に当たります。そこで中間子説が真であると考えるべき理由が出現します。これが (39iii) に相当しますね。

地動説はコペルニクス[注16]によって唱道されてはいましたが，これによる惑星運動の説明は天動説によるそれよりも優れたものではありませんでした。特に，ブラーエ[注17]が集めた膨大な惑星運動の観察データには依然として多くの謎が残されていたのです。これはコペルニクスの説が天体運動の軌道を真円であるとする古代以来の考えをそのまま保っていたからなのです。これに対しケプラー[注18]の3法則は，天体運動の軌道を楕円とする仮説を含んでいました。これによってブラーエのデータの謎は謎でなくなりました。ここに，「データを飛び越した仮説設定」，つまりアブダクションの強みがあるわけです。

（39）を論理形式で書いてみると（40）のようになります。

（40）i.　C
ii.　A → C
iii. ∴ A

（40）は論理学では「後件肯定の誤り」と呼ばれ，妥当な推論ではありません。第１行のＣを「犬が怯えている」とし，第２行A→Cを「雷が響くと犬が怯える」としてみてください。この２つの前提から第３行の「雷が響いている」という結論は必然的には出てきませんね。クマの吠え声が聞こえたのかもしれないし，近所のたちの悪い大型犬が来たのかもしれません。だから（39iii）は「よってＡは真である」ではなくて，「真とすべき理由がある」と言っているわけです。アブダクションを用いる説明法の強みは，もし仮説Ａが説明力不足なら，A′，それでも不足ならA″，A″でも駄目ならA‴というふうに，仮説を次々に修正・改廃していくことによって，真理により近づく可能性を持っている点にあるのです。

チョムスキーがアブダクションについて語ったインタヴュー記事[注19]からの引用を（41）として挙げましょう。

（41）［パース］はその著［*The Logic of Abduction*］の最初で人間には――彼は実際には科学における理論構築について話していたわけですが，どんな種類の学習にも当てはまりますし，そのことをパースは明白にしています――連想に頼っても人間には何もできないし，帰納に頼っても何もできない；帰納とは，それを通じて何の知識も獲得できない手順です。パースは，帰納や確認等々は，すでに発見したことを追認したり，それを一層明確化したり，詳細な点を埋め合わせたりする方法にすぎないけれど，科学追及の過程ではもう１つ別のものが働くのだ，と言っています。そしてその働いている別のものこそ，彼の言うアブダクションだというんです。彼はアブダクションについてあまり多くを語っていませんし，それはそう不思議でもないんですが，それはともかく彼はアブダクションが何であろうと，それは本能なのだ，と言ったのですよ。彼の言うには，ニワトリが穀物を見るとそれをつつくのと同じだ，という次第です。つまり人間は，脳の中に，現代的な用語を使えば，一種の理論構築モジュールとでも呼ぶべきものを持っていて，それが本能的メカニズムなのだ，というわけです。そしてこのアブダクションが，離れ離れのデータを基に理論的解釈を写像する――構築する，というべきかな？――というわけです。しかもそれを我々は本能的に行うわけです。で，それが済んでから，我々は帰納やら科学方法論やらの，面白みも何もない方法を用いて成果を追認するのです。パースに従えば，科学の中では何が起こっているのか――あるいは人々が世間の概念を得た際に何が起こるか――を真に理解するためには，もちろんこの本能的な過程を理解しなければなりません。小生はこの考えはまさしく正しいと考えます。

[Peirce] began [his *The Logic of Abduction*] by saying that you can't — he's talking really about theory construction in the sciences, but the same would be true in any kind of learning whatever, and he made that clear — he said that you can't get anywhere by association, you can't get anywhere by induction; induction is not a method of acquiring any knowledge. He said that induction and confirmation, and so on, may be ways of checking out what you've discovered, and clarifying it and filling out the details, and so on, but there's something else going on. And the other thing that's going on is what he called abduction. He didn't tell you much about what it was, which is not so surprising, but he said whatever it is, it's instinctive. He said it's on a par with a chicken pecking at grain, so there's some instinctive mechanism we have that is a kind of a theory construction module of the brain, to put it in contemporary terms. And that maps — that constructs — theoretical interpretation from scattered data. And we do it instinctively. And then we check it out by induction and methodology of science and all that kind of stuff. And he said if you really understand what happens in science — or what happens in ordinary life when people gain a conception of the world — why, you have to understand this instinctive process. And I think that's exactly right.

Haley & Lunsford (1994) *Noam Chomsky*[注20], Twayne, Excerption p. 1.

ここで話を第３要因に戻します。個人の言語発達における第３要因の貢献についてのマギルヴレイの質問に対して，次に示すChomsky (2005)のアブストラクトからの引用がチョムスキーの回答に相当するでしょう。

(42)　原理＋パラミタ接近法は，第３要因を本格的に検討する，つまり，言語の諸特性を計算（≒文法による言語形式の生成）上の効率[注21]という一般的観点から説明しようとする試みの可能性を切り開いた。この進捗によって，言語特有のシステムとして前提されていた技法のうちのあるものを捨て去ることが可能となり，言語現象に関するこれまで以上に原理に裏付けられた説明が行えるようになったのだ。

The Principles and Parameters Approach opened the possibility for serious investigation of the third factor, and the at-

> tempt to account for properties of language in terms of general considerations of computational efficiency, eliminating some of the technology postulated as specific to language and providing more principled explanation of linguistic phenomena.
>
> Chomsky (2005) p. 1.

これによってチョムスキーの姿勢がわかりますね。つまり原理＋パラミタ接近法の登場によって初めて言語研究は，より簡潔に，つまりそれまで設定せざるを得なかった余分な技法を排し，たとえば計算上の効率といったような，より科学的な要因による説明を行うことができるようになった，ということです。ですからチョムスキーはマギルヴレイの問題提起に対して以下のように答えています。

(43) いや，第３要因は常に背景にあったのですよ。問題はそれがまだ手の届く範囲内になかったことです。普遍文法，つまり言語学理論という概念が，１つのフォーマット，評価手続きとして理解される限り，それは高度に言語特定的であり，また極めて明示的で制限の強いものだと考えないわけにいかなくなります。そうでなければ，言語獲得問題を扱う訳にはいかないでしょう？　そうなると，普遍文法・言語理論が何らかの一般性のある原理に従っていることを知るのがほとんど不可能になってしまいます。論理的矛盾とは違うけれど，２つの探求目標は互いに反対の方角に向ってしまうのです。評価手続きが比較的少数の例を見れば行えるようにするため，普遍文法を明示的で制限の強いものにしようとすると［…］，それは極めて言語に特化されたものになってしまい，一般原理が作用しなくなってしまいます。原理とパラミタという概念が出現するまでは，この矛盾めいたものを解消することは事実上不可能でした。［…］原理とパラミタの概念が出現してからは，普遍文法というフォーマットは言語獲得の問題から完全に切り離されました。言語獲得はパラミタの選択という問題に過ぎないことになったのです。[…] その意味するところは，残っているものはすべて言語の属性である，ということです。それらが高度に明示的で極度に言語特定的で制限の強いものでなければならないという概念的理由はもはやなくなったわけですから。概念的な障壁はもはや消え失せ，その代わりに登場したのが，第3要因が何をしてくれるだろうということを探求する努力となったわけです。

Well, the third factor was always in the background. It's just that it was out of reach. [...] [A]s long as the concept of Universal Grammar, or linguistic theory, is understood as a format and an evaluation procedure, then you're almost compelled to assume it is highly language-specific and very highly articulated and restricted, or else you can't deal with the acquisition problem. That makes it almost impossible to understand how it could follow any general principles. It's not like a logical contradiction, but the two efforts are tending in opposite directions. If you're trying to get Universal Grammar to be articulated and restricted enough so that an evaluation procedure will only have to look at a few examples [...], then it's going to be very specific to language, and there aren't going to be general principles at work. It really wasn't until the principles and parameters conception came along that you could really see a way in which this could be divorced. [...] [T]hen the format for grammar is completely divorced from acquisition; acquisition will only be a matter of parameter setting. [...] [I]t means that whatever is left are the properties of language. There is no conceptual reason any more why they have to be highly articulated and very specific and restricted. A conceptual barrier has been removed to the attempt to see if the third factor does something.

Chomsky (2012) pp. 59-60.

第３要因について，チョムスキーは次のようにも言っています。

(44) 第３要因の特質を一層明らかにする——それが科学の進むべき道であり，このことに興味を持つ真の科学者ならば誰であろうとそれが目標であるはずだが——ことができれば，有機体の複雑性を世界の一般的特性という観点からどの程度明らかにできるかが分かってくるはずです。それこそが科学の本質と言っていいでしょう。もし明らかにならず残っているものがあれば，それは何らかの特定的な遺伝的情報に属すると考えるほかありません。そうなれば，それがどこから来るかに心を悩ませることになります。
The more you can attribute to the third factor — which is the way that science ought to go; the goal of any serious scientist interested in this is to see how much of the complexity of an organism you can explain in terms of general properties of the world. That's almost like the nature of science. Insofar as there is a residue, you have to attribute it to some specific genetic encoding; and then you've got to worry about where that came from.

Chomsky (2012) p. 132.

要は，原理／パラミタ接近法の開発と，それに伴う第３要因の考究は生成文法の成長であり，正しい科学の在り方への一層の接近であるとするのがチョムスキーの説明なのです。

チョムスキーの発言の中に第３要因が何であるかが不明瞭な箇所があることは確かです。でもそれはアブダクションの初期の所産であることを思えば，ある意味で当然のことと言えるでしょう。筆者も彼の線に沿って研究を続けるつもりです。おそらくよく判っているにも拘らずインタヴュー本を造るための質問をしているマギルヴレイも同じ道を歩んでいくことでしょう。

6　第３要因の累積効果

6.1.　最小検索

チョムスキーは「最小検索（minimal search)」は第３要因に含まれるのであろう，としています。次の引用を見てください。

(45)　最小探索――おそらく第３要因の原理であろうが――の働きは，線形的（＝前後関係の）遠近差ではなく，構造上の遠近差に依存している[注22]［…］ことについては大規模な証拠が存在する。脳科学からもこれを支持する証拠がいくつか出されている。２つの異なる刺激を被験者に与えたときの脳活動に関する諸研究で，簡略に言うと，１つの刺激は創作された言語ではあるが普遍文法に適った言語であり，もう一方の刺激は普遍文法に順応していない創作“言語”である。後者では，たとえば，否定文を作るのに否定要素を必ず文の３番目の次の位置に置く“言語”を使った刺激である（Smith and Tsimpli（1996）のパラダイムを採用した Musso et al. (2003)*による)。第１の場合は脳の言語中枢に通常の活動が起こるのだが，線形的順序（否定要素を文頭から３番目の語の次に置く，など）が使われる場合はそうではない。その場合，被験者は言語とは無関係のパズルをやらされているという解釈を持ったらしいことを脳活動が示している。

There is extensive linguistic evidence showing that the operation of minimal search — presumably a third factor principle

(III) — makes use of structural rather than linear distance (apart from virtual adjacency, an unrelated property). There is also some supporting evidence from neuroscience, in studies of brain activity of subjects presented with two types of stimuli: roughly, invented languages satisfying UG and others not conforming to UG; in the latter case, for example, negating a sentence by placing the negative element after the third word. (Musso et al., 2003, adopting the paradigm of Smith and Tsimpli, 1996). It was found that in the former case there is normal activation in the language areas, though not when linear order was used. In that case the task was interpreted as a non-linguistic puzzle, so brain activity indicates. This is a difficult but potentially rich research area.

Chomsky (2013) p. 39.

6.2 チョムスキーの「ガリレオ的」接近法

Allot et al. (eds.) (2021)*の中にある編者3人による論文「チョムスキーのガリレオ的説明方式」*は次のことばで始まっています。

(49) チョムスキーは，言語学の方法論において実際の言語使用に関するかなりのデータを捨象しており，それがために他の多くの言語学者から少なからず抵抗を受けている。彼はこの方法論を，ガリレオとそれ以降の科学者が用い，日常生活で観察される物体の運動の多くを捨象した状況で物体運動の法則を提唱した方法論に比肩するものと考えている。ガリレオは，風の中の木の葉ではなく，地球上に実際には存在しない空気摩擦不在という環境に焦点を当てたのだ。

Chomsky pursues a methodology in linguistics that abstracts

> from substantial amounts of data about actual language use in a way that has met considerable resistance from many other linguists. He thinks of this method as like that employed by Galileo and later physicists who proposed laws of motion in considerable abstraction from many of the motions we observe in daily life, focusing, for example, not on leaves in the wind, but on frictionless environments that virtually never occur on earth.　　Allot et al. (eds.) (2021) p. 1

この言明は，生成文法に対する反論が今でも収まらないのは，科学とは何かを未だに理解していない人々が存在しているゆえであることを指摘しています。そして（50）は，まさしくそのことを語るチョムスキーのことばで，それ自身は誠に正しいのですが，彼が他の箇所で「言語の創造的使用（the creative use of language)」について取っている姿勢との関係からすると，筆者には十分に納得がいきません。

(50)　当時としてはきわめて不快なことと見なされたことは，ガリレオが多くのデータを棄却していた点だ。彼は平気で次のように言った。「いいかね。データがこの理論を反証するなら，多分データが間違っているのだよ」と。しかも彼が放り出したデータは，軽小なものではなかった。例えば，彼はコペルニクスの説を擁護していたにも拘わらず，［地球が回転しているのに］地球上の物体が皆飛んで行ってしまわないのはなぜかを説明できなかった。［…］ガリレオは，当時，かなりの批判を受けた。その時代はデータを最優先する時代だったからだ。データ最上視は，我々のこの時代でも同じことだ。［…］言語学においても同じ批判が聞かれることは，我々にとっておなじみだ。［…］判るだろ。ああいう批判は典型的なもので，科学がその初期において直面せざるを得ないことだし今でも直面しなければならない。だけれどガリレオ式方法論とは，［…］，ほんとの真実は自分たちが構築しつつある抽象的システム群であるということを認識しているということだ。［…］たとえば，物理学者は，今日(こんにち)でさえも，水が蛇口からどうやって出てくるか，とか，ヘリウムの構造はどうなっているか，とか，その他複雑度が高すぎることを細部にわたって説明することはできない。物理学においては宇宙の存在物の 90% 相当が，いわゆるダークマター（暗黒物質）であるという状態にあるのだ。ダークマターがダークと呼ばれるのは，それが何であるかが判らず，それを発見することができないからだが，それは必ず存在するに決まっている。というのは，それがなければ物理学の法則が成り立たないからだ。

What was striking about Galileo, and was considered very offensive at that time, was that he dismissed a lot of data; he was willing to say "Look, if the data refute the theory, the data are probably wrong." And the data that he threw out were not minor. For example, he was defending the Copernican thesis, but he was unable to explain why bodies didn't fly off the earth [...]. He was subjected to considerable criticism at that time, in a sort of data-oriented period, which happens to be our period [...] We're familiar with the same criticism in linguistics. [...] You know, that's very typical and that's what science had to face in its early stages and still has to face. But the Galilean style [...] is the recognition that it is the abstract systems that you are constructing that are really the truth [...] Physicists, for example, even today can't explain in detail how water flows out of the faucet, or, the structure of helium, or other things that seem too complicated. Physics is in a situation in which something like 90 percent of the matter in the Universe is what is called dark matter — it's called dark because they don't know what it is—they can't find it, but it has to be there or the physical laws don't work. Chomsky (2002)* pp. 98-99.

納得がいかないのは，チョムスキーがダークマターを「永遠にダークなもの」と見ているのではないか，という点です。ガリレオは大いに実験と観察を行いましたし，ガリレオ以降の物理学者たちもそうでした。現代の物理学ではまさに宇宙のダークマター（未知の素粒子か，星の速度を決める重力か？）を解き明かそうとしているではありませんか。

関連性理論はまさに言語に関するダークマター解明に手を付けていることになると考えられますが，チョムスキーは「言語の創造的使用」は「志向性マター」であるとして言語研究から排除しようとしてるかに思えます。これは筆者が不可とする研究方針です。これについては第３章で詳しく論じましょう。

注

注 1．1823-1913。ダーウィンが同一の種に属する個体間の生存継続と繁殖に関する競争を強調したのに対して，ウオリスは環境が種や亜種に圧力をかけ，種・亜種を各局部の条件に適合するよう仕向けたとする点を強調しました。進化理論については長い時期，ダーウィン説だけが重視されましたが，現在ではウオリスの説も見直され，生成文法は「ウオリス派」と見なされます。

注 2．Natural selection をかつては「自然淘汰」と訳しましたが，現在では「自然選択」が普通の用法です。

注 3．Ian Tattersall（1945-）は *The Origin of the Human Capacity*. New York: American Museum of Natural History.（1998）の著者。

注 4．Kenneth Wexler, "Lenneberg's Dream: Learning, Normal Language Development, and Specific Language Impairment." In Yonata Levy, Jeannette C. Schaeffer（eds.）（2003）*Language Competence Across Populations Toward a Definition of Specific Language Impairment*. 11 61 Mahwah. NJ: Lawrence Erlbaum Associates.

注 5．Eric. H. Lenneberg（1921-1975）*Biological Foundations of Language*. New York, Wiley.［佐藤方哉・神尾昭雄［訳］（1974）『言語の生物学的基礎』大修館書店 東京。］

注 6．「「再帰性」の原語は recursion です。文の長さは無限に引き延ばすことが可能です。「太郎の父がむかし勤めてていた銀行の支店長の弟が経営している居酒屋の常連客の１人から金をだまし取った女……のことがテレビで報道された」の「……」部分に「の身柄を確保した○○県警の捜査官…」などを挿入することは再帰性の１つの例です。」より詳しくは，（８）以下の説明を読んでください。

注 7．1957 年カリフォーニア生まれの女性。音を病的に嫌う父親のもとで幼時から鍵のかかった部屋に閉じ込められ，13 歳のときに救出されて州の保護下に置かれるまで，言語と接する機会をほぼ完全に禁じられました。

Smith, Neil and Ianthi Tsimpli（1995）*The Mind of a Savant: Language Learning and Modularity*. Blackwell, Oxford.

［毛塚恵美子 他（訳）『ある言語天才の頭脳――言語学習と心のモジュール性』新曜社 東京］を参照してください。ジーニーは救出後，英語学習について手厚い指導を受けましたが，正常な英語はついに獲得できませんでした。これは，母語習得には臨界期が存在していることを示す証拠の１つと考えられます。下に「英語習得訓練」後のジーニーの発話の例を挙げます。カッコ内に逐語訳と，それに続く→の次に彼女が言いたかったと察せられる意味を示してあります。

(i) Ruth Smith have cat swallow needle.（ルース・スミス猫飼う針飲む→ルース・スミスは猫を飼っていますが，その猫が針を飲んでしまいました。）

(ii) Father hit Genie cry long time ago.（父さんジーニーぶつ泣くずっと前→ずっと前ですが，父さんが私をぶち，私を泣かせました。）

注 8．女性に限って起こる病気（と言うよりは体質）です。２本の X 染色体のうち一本の一部または全体が欠けていると引き起こされると言います。この症候群を持つ女児は，低身長で，首の後ろに皮膚のたるみがあり，学習障害が見られ，思春期が始まりません。

注9. この例文には，VP，DP，NP 等の「句構造」を表す記号が付いています。実を言うと，「X バー理論」(今井（編・1986）に詳しい記述があります）の頃とは異なり，ミニマリスト・プログラム以降は，例えば VP，NP，DP のような語彙項目以外のいかなる新しい要素も導入しない」という原則を立てることに伴い，レイベルにもその中心となっている語彙項目を用いることにしたため，異なった表記をします。しかし生成文法史上のある程度の時期までを学んだ読者諸氏には，伝統的旧表記の方が親しみがあると思い，使用し，併せて新表記（現表記）も示します（以下同様)。参考：今井邦彦（編・1986)『チョムスキー小事典』大修館書店。

注10. 併合によって生まれた統語構造には，レイベル（label）が必然的に付けられることになっています。たとえば（20bii）の小文字で書かれた of, the などがレイベルです。of the city の主要部は of ですから，この統語構造全体には of というレイベルが与えられるのです。このレイベル付与（labelling）は上（外）から見て，最も近くに見つかる主要部，すなわち語彙項目を選ぶという「最小探索」の原理に従うのです。ただし，the と city とは同じ距離にあるのでレイベルが決まらないという問題がありますが，これについては本書ではこれ以上触れません。

注11. Svante Pääbo [ˈsvanˈtɛ ˈpɛːbʊ]（1955-）はスウェーデンの進化遺伝学者。

注12. Homo Ergester. 最初期のヒト属。ホモ・エレクトスも一種であるとする主張もありますが，別種とする説の方が強いようです。

注13.14. Abduction. パースが演繹・帰納とともに科学的探究の3つの発展段階の1つと考えた推論法。チョムスキーは早くから，パース流アブダクションが科学発展に不可欠であることを確信していました。「仮説設定」「発想」等の訳語もありますが，通常，アブダクションという術語を使います。

注15. ここでは第1要因を指します。

注16. Nicolaus Copernicus, (1473-1543).

注17. Tycho Brahe, (1546-1601).

注18. Johannes Kepler, (1571-1630).

注19. Excerpted from Haley & Lunsford, *Noam Chomsky*, Twayne, 1994, pp. 182-4, pp. 194-6. なお，NP とは Noun Phrase（名詞句）の略です。

注20. Charles Saunders Peirce (1839-1914). アメリカの哲学者・論理学者。

注21. 計算上の効率の例として，派生の途中で新たな要素を導入してはならないという「包含条件」(Inclusiveness Condition）と，併合は常に当該統語構成物（syntactic object）を拡大しなければならない，（すなわち，構造の一部だけに影響を与える非循環的な操作をしてはならないという「拡大条件」(the Extension Condition) が，挙げられると思います。両者は合わせて「不正変更禁止条件」(No-Tampering Condition）と呼ばれることもあります。包含条件により，X バー理論の X，X'，XP の ' や P は導入できないこととなり，以前の痕跡 t などというものも導入できなくな

りました（代わりに移動した場合にはコピーが残されるということになりました）。拡大条件により，下向きの移動は自動的に排除されます。この他に，最近では，位相（phase）という単位（vP と CP）を設けて，一旦 1 つの位相が終わると，位相主要部（v と C）の補部（VP と CP）は転送されて，その中に含まれているものは，後の操作には見えないという提案「位相による派生」（derivation by phase）があり，この効果を「位相不可入条件」（the Phase Impenetrability Condition; PIC）と呼んでいますが，これも，操作に必要な探査の領域（search space）を狭くするという計算上の効率のためであるとチョムスキーは言っています。

注 22. 次の 2 文を比べてください。

(i) Birds that fly instinctively swim.

(ii) Instinctively birds that fly swim.

(i) は（ア）空を本能的に飛ぶ鳥は泳ぐ。

（イ）空飛ぶ鳥は本能的に泳ぐ。

のどちらとも解されます。つまり instinctively は fly を修飾しても，swim を修飾してもいいわけです。ところが (ii) は（イ）としか解されません。Instinctively は swim を修飾し得るだけで，fly を修飾することはできないのです。直線的遠近差から言うと Instinctively との距離からすれば，fly の方が swim の方より近いですね。しかし構造上の遠近差では逆なのです。次の図を見ましょう。

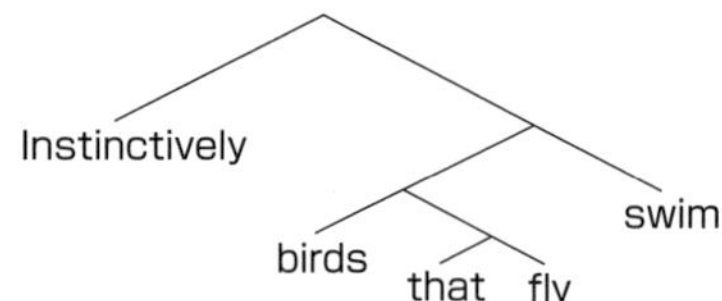

この図で見ると，instinctively と swim は一番上の枝分かれの言わば「仲間」であるのに，fly は 4 番目の枝分かれに支配され，instinctively からは，構造上，swim よりもずっと遠いところにあるわけです。

参考文献

Allott, Nicholas, Terje Lohndal and Georges Rey (2021) "Chomsky's "Galilean" explanatory style," In Allott et al. (eds.).

Allott, Nicholas, Terje Lohndal and Georges Rey (eds.) 2021 Companion to Chomsky, Blackwell.

Belhuis, Johan J., Ian Tattersall, Noam Chomsky, Robert C. Berwick (2014) How could language have evolved? PLoS Biol 12 (8).

Berwick, Robert and Noam Chomsky (2016) *Why Only Us: Language and Evolution*. MIT Press.

Berwick, Robert C., Kazuo Okanoya, Gabriel J. L. Beckers and Johan J. Bolhuis, "Songs to syntax: the linguistics of birdsong," Trends in Cognitive Sciences 2011.

Bloomfield, Leonard (1926) A set of postulates for the science of Language, *Language 2* (3): 153-164.

Chomsky, Noam (1986) Knowledge of Language: Its Nature, Origin and Use. New York, Praeger.

Chomsky, Noam (2002) On Nature and Language, Cambridge University Press.

Chomsky, Noam (2004) "Biolinguistics and the Human Capacity", Lecture at MTA, Budapest, May 17, 2004.

Chomsky, Noam (2005) "Three factors in language design." Linguistic Inquiry 36: 1-22

Chomsky, Noam (2013) "Problems of Projection" Lingua 130.

Chomsky, Noam (2021) "Minimalism: Where Are We Now, and Where Can We Hope to Go."『言語研究』第 160 号, 1-41.

Chomsky, Noam (1995) The Minimalist Program._MIT Press, Cambridge MA.

Curtiss, Susan (2012) "Revisiting modularity: Using language as a window to the mind." In Massimo Piatelli and Robert C. Berwick (eds.) Rich Languages from Poor Inputs. Oxford: Oxford University Press.『チョムスキーの言語理論』p. 60, pp. 302, 326, 344.

Darwin, Charles (1859) *On the Origin of Species by Means of Natural Selection, or the Preservation of Favoured Races in the Struggle for Life*. John Murray Press.

Doupe, A. J. and P. K. Kuhl (1999) "Birdsong and human speech: common themes and mechanisms," *Annual Review of Neuroscience,* 22 : 567-631.

Ferrigno, Stephen, Samuel J. Cheyette, Steven T. Piantadosi and Jessica F. Cantlon "Recursive sequence generation in monkeys, children, U.S. adults and native Amazonians," (2020) *Science Advances 6*.

Hauser, Mare D., Noam Chomsky and W. Tecumseh Fitch (2002) "The faculty of language; What is it, who has it, and how did it evolve?" Science Vol. 298, 1569-1579.

Liao, Diana A., Katharina F. Brecht and Melissa Johnston (2022) "Recursive sequence generation in crows," *Science Advances* 2022 Nov; 8 (44).

Lipkind, Dina, Andreea Geambasu and Clara C. Levelt (2020) "The development of structured vocalizations in songbirds and humans: A comparative analysis," *Topics in Cognitive Science 12* (2020) 894-909.

Musso, Mariachristina, Andrea Moro, Volkmar Glauche, Michel Rijntjes, Jürgen Reichenbach, Christian Bü chel, And Cornelius Weiller (2003). "Broca's Area and the language instinct". *Natstedstedure Neuroscience 6*: 774-781.

Smith, Colin (2013) "Birds and humans have similar brain wirintg," *Imperial News,* Imperial College London.

Suzuki, Toshitaka N. and Yui K. Matsumoto (2022) "Experimental evidence for core-Merge in the Vocal communication system of a wild passarine," *Nature Communications 13,* Article number: 5606.

外池滋生（監修・訳）(1998)『ミニマリストプログラム』翔泳社。

今井邦彦（2004)『なぜ日本人は日本語が話せるのか：ことば学 20 話』大修館書店。

第3章

関連性理論と生成文法

1　両理論の関係

関連性理論の創始者スペルベルとウィルスンは，オックスフォード大学ナフィールド（Nuffield）・カレッジの同窓生でした。専攻は前者が人類学，後者が哲学，と別々でしたが，２人は知的興味のあり方の上で互いに共鳴するものを感じた，とウィルスンは筆者に語っています。院生時代，スペルベルはウィルスンにチョムスキーの著作に親しむことをすすめ，ウィルスンはスペルベルにグライスの理論を紹介しました。ウィルスンはやがてチョムスキーの弟子となり，MIT で博士号を取得しました。

このように書くと，関連性理論は生成文法の語用論版（？）のように聞こえるかもしれませんが，それは違います。両理論間には想像以上の差があるのです。

2　生成文法の意味観

Chomsky（1957）（チョムスキー理論の最初の公刊本でしたね）には言語の意味の具体的分析・記述は含まれていません。このことから，この理論も構造言語学理論と同じように，意味に対して言語研究の中での二義的な地位しか与えていないのだ，という印象を持った読者もいることでしょう。事実この本には「意味を出発点とする言語研究などといったものはあり得ない」という趣旨の言明も含まれているのです。

（1） 意味に立脚すれば，当然のこととして文法を築くことが可能になるなどとする示唆は到底支持され得ない。[“意味に立脚しないでどうして文法の構築が可能か” などと問うのは]「話し手の髪の色を知らずにどうして文法構築が可能か？」と問うのと同程度の正当性しか持っていないからだ。[…] 文法構造に関する理論を，部分的にでも意味論的な見地から，あるいは文法を構築する，または構築された文法を評価する上で意味論的情報を用いることを是とする特定的で厳密な提案という形で発展させようという詳細な試みに出会ったことはまったくない。「言語形式に関する直観」が言語形式（すなわち文法）の探求者にとって非常に役立つことは否定のしようがない。[…] しかしながら，言語形式の実際の探求において，「意味に関する直観」が有用であるという証拠は全くないのだ。

[T]he implication that obviously one can construct a grammar *with* appeal to meaning is totally unsupported. One might with equal justification ask: “How can you construct a grammar with no knowledge of the hair color of speakers?” [...] I am not acquainted with any detailed attempt to develop the theory of grammatical structure in partially semantic terms or any specific and rigorous proposal for the use of semantic information in constructing or evaluation of grammars. It is undeniable that “intuition about linguistic form” is very useful to the investigator of linguistic form (i.e., grammar). [...] There is, however, little evidence that “intuition about meaning” is at all useful in the actual investigation of linguistic form.

Chomsky (1957), pp. 93-94.

Chomsky (1957) の「元本」で，執筆時期は1955-56年なのにその約20年後に刊行されたChomsky (1975) にも意味論に対する統語論の優位を示唆する言明が行われています。

（２）言語理論は，２つの主要な分野に分かれる。統語論と意味論である。統語論は言語形式を研究する学問分野だ。統語論の基本的概念は，「文法的」概念であり，その第１次的関心は，どの自然言語でもいいが，その言語の文法的文とはいかなるものかを定義し，そうした文の基底的構造形式はどのようなものであるかを明示するところにある。[…] それに対して意味論は言語表現の意味と指示に関与するものだ。[…] 我々が体系的発達に関して意味に依存すべきではないという結論を下したのは，意味の理論というものが客観性と操作上の検証可能性に関して最低限の要請さえも欠いている，という感覚に動機づけられているのだ。

Linguistic theory has two major subdivisions, syntax and semantics. Syntax is the study of linguistic form. Its fundamental notion is "grammatical," and its primary concern is to determine the grammatical sentences of any given language and to bring to light their underlying formal structure [...]. Semantics, on the other hand, is concerned with the meaning and reference of linguistic expressions. [...] [O]ur decision to place no reliance on meaning in systematic developments is motivated by a feeling that the theory of meaning fails to meet certain minimum requirements of objectivity and operational verifiability. Chomsky (1975) p. 57.

なお，チョムスキーが「語用論能力」などということを言い出したのは比較的古く，Chomsky (1980) あたりからです。

（3） ある言語を知っている脳内の状況をさらに細かい構成に分別して，「文法的能力」と時折呼ばれるものを「**語用論能力**」から区別することは理に適ったことだと思える。
It makes sense [...] to analyze the mental state of knowing a language into further components [...] to distinguish what is sometimes called "grammatical competence" from "pragmatic competence." Chomsky（1980）p. 59.

これを見ると，チョムスキーが，語用論は，厳密には，言語能力の中心部分より外側にあると考えていることがわかります[注1]。こういう次第でチョムスキーは，意味論を言語研究中の独立の部門として立てていません。このことについてマギルヴレイ（James McGilvray, 1938–1995）は，

（4） 内在主義の意味論は統語論の一部となり得るものであり，またそのように見られるべきものである。
[I]nternalist semantics can and should be seen as a form of syntax. Chomsky（2012）p. 207.

と言っています。

「言語研究はその根底を意味に依存すべきではい」という考えには筆者も賛同します。ただ，一方でチョムスキーは，次の引用で，そのこと（意味の非根底性主張）からは意外と思われるような，**語用論を重視する言明**をしています。

（5） 言語使用に関するわれわれの理解が正しい限りにおいて，指示を基礎とした意味論が（内在主義の統語論版のそれを除けば）成立するとの議論は弱いように思える。**自然言語というものは，統語論と語用論だけからなるのかもしれない。**
As for semantics, insofar as we understand language use, the

argument for a reference based semantics (apart from an internalist syntactic version) seems to be weak. It is possible that natural language has only syntax and pragmatics [...].

Chomsky (1995) p. 26, (2000) p. 132.

それどころか，彼は Stemmer (1999) では次のようなことさえ言っているのです。

（６）私は当初から，あなた（＝Stemmer）が引用しているレヴィンスンの主張――「包括的言語理論は，語用論をその一部として取り込まねばならない」――よりさらに一歩進んで，**語用論は総合的な言語理論の中心的・核心的な構成要素だ**と考えているのです。
My own view has always been stronger than what you quote from Levinson: "a general linguistic theory must incorporate pragmatics" not only "as a component or level in the overall integrated theory," but as a central and crucial component [...].

Stemmer (1999) p. 398.

さてこの２つの引用を読んだ上で次の引用（７）を読むと，何かチョムスキーの考えに混乱を感じる読者がおられるかもしれません。

（７）志向性をめぐる諸問題が，言語の使用をめぐるそれを含めて，自然科学的考察の射程内に入ると考えるのは理にかなっていない。[…] これらの問題に迫る方法は，どんなものであれ，われわれ人間の認知能力の埒（らち）外，科学を構築する我々の能力にとって手の届かないところにあるのではなかろうか。
[G]eneral issues of intentionality, including those of language use, cannot reasonably be assumed to fall within naturalistic inquiry. [...] Possibly that way, whatever it is, lies outside our

cognitive capacities, beyond the reach of the science-forming faculty. Chomsky (1995) p. 27.

「志向性」を，intentionalityよりも易しい英語で言うとaboutnessで，「心が何かに向かっていること」を示します。第1章（82a）について，「発話をするということ自体が，**その発話内容に認知効果があることを聞き手に（無意識にせよ）期待させるものだ**」と言いました。発話を解釈するということは，発話者が**自分の発話を「最適の関連性を持つものだと当然視している」**旨を聞き手が読み取ることに他なりません。ということは，**発話をすることも，それを解釈することも，どちらも志向性を持った行為である**ことになります。志向性をめぐる諸問題が，自然科学的考察の射程内に入らないにもかかわらず，語用論は総合的な言語理論の中心的・核心的な構成要素だと言われては，佐野次郎左衛門（さのじろざえもん）じゃありませんが「チョムさん，そりゃあチトそでなかろうぜ」と言いたくなる人もいるでしょう[注2]。

チョムスキーの言語観としてもう1つ付け加えれば，「**言語使用の創造的側面**（the creative aspect of language use)」があります。彼はこの側面を人間言語の全体像中のダークマター視していると解されます。これについて（8）のParret（1974）からの引用と，（9）のChomsky（2012）からの引用を掲げましょう。

（8） パレ：あなたの言われる（言語の）創造性という概念は，［無限の文の］生成可能性以上のことを意味しているのでしょうか？
チョムスキー：私が「言語使用の創造的側面」と呼んできたものを，それとまったく別のもの，つまり，文法の再帰的な性質と混同する傾向が見られますが，残念なことです。それは概念上の混同です。つまり，本質的には，言語運用と言語能力の混同なのです。私は「言語使用の創造的側面」という術語を，そのことば通り，言語使用のある性質，つまり，言語行動のある側面を指すつもりで使ってきました。つまり，言語使用は革新的であり［経験の記憶から復唱されるのではなく］，領域に制限がなく，外的な刺激に統制されることもないのです。[…] 言語使用のこうした側面は，17 世紀から 19 世紀にかけて注目され，きわめて興味深い形で論ぜられました。私が『デカルト派言語学』で概観した通りです［…］。生成文法の再帰的性質は言語使用の創造的側面に対する手段は付与しますが，両者を混同することは，とんでもない誤りです。言語学者の中には実際，混同している人々がいますけれども。

Parret: Does your notion of *creativity* cover more than just generativity?

Chomsky: There has been an unfortunate tendency to confuse what I have called 'the creative aspect of language use' with something quite different, namely, the recursive property of grammars. This is a conceptual confusion, a confusion of performance and competence, in essence. I have used the term 'creative aspect of language use' as the phrase implies, to refer to a property of the use of language, of linguistic behavior: namely, that it is innovative, unbounded in scope, free from the control of external stimuli: [...] These aspects of language use were noticed and discussed in quite interesting ways in the 17th through 19th century work that I reviewed in *Cartesian Linguistics* [...]. The recursive property of generative grammars provides the means for the creative aspect of language use, but it is a gross error to confuse the two, as some linguists do.

Parret (1974) p. 28.

（９）我々に残されているのは，第１要因と第３要因の何らかの結合が，科学における最高の説明を発展させる産出能力を我々人間に与えてくれているのに違いない，という考え方だけなのです――いや，そういうことなら，科学における説明だけでなく，日常的世界における説明発展の原動力をも与えてくれているのかもしれませんね。さて，科学と日常的世界とで本当に事情が同じでしょうか？［…］いわゆる科学について言えば，そのほとんどはどのように進行しているかが不明なのです。となるとそれは，人間に備わっているが意識的に行使されることが決してない何らかの産出能力なのかもしれません――数学を生み出す産出能力のようにね。それは常に存在している――われわれにはそれがわかっている――のだけれど，［ほとんど］まったく意識的に行使されることがない。［…］そして科学産出の能力についても全く同じことが言えるのです。それは極めて特定的な状況においてたまたま行使されるのであって，それも第１要因と第３要因によってあらかじめ規定された方式で行使されるのです。そしてそれは創造性を生み出し得るのです。ちょうど言語の場合のようにね［…］。我々が言語の創造的使用を持ち得るのは，そのシステムが極めて狭いチャネルの範囲内でどのような姿を取るかがあらかじめ規定されていて初めて可能となるのです。そうでなければ人間は何も獲得できませんものね［…］。

そのことはわかっても，人間がどこからどうやって［言語の］創造的使用を引きだすのかはわかりません。それは我々人間には手が出せない代物なんですよ。つまり人間の意志と選択の問題なんで，目下のところ，いや永久にでしょうな，科学の外側にあるものです。昆虫の行動についての調査を見れば，メカニズムに関するごく複雑で興味深い観察結果が得られます。けれども誰も昆虫の選択について知ろうとはしません。ゴキブリが左へ曲がったのは何故か――なんてね。それは科学研究において訊ねるべき総合的論点ではありませんよね。

> [W]hat we're left with is that some combination of the first and the third factor must be giving us the capacity for developing the best explanations in science — or in ordinary life for that matter. Now is it the same in science and ordinary life? [...] Most of the so-called sciences are barely even aware of how it works. So it could very well be some human capacity that's just never used — like the capacity for mathematics. It's around all the time — we know that — but [almost] never used. [...] And the same could be true of the science-forming capacity. It comes to be used under very specific circumstances, and it's used in the way that it's predetermined [to] by the first and third factor. That can yield creativity, just as in the case of language [...]. You cannot have creative use of language unless it's predetermined what the system's going to be in a very narrow channel, because otherwise you can't acquire anything [...].
>
> That doesn't tell you how or what you derive the creative use [of language] from. That's a topic we can't deal with. That's a question of will and choice and that's for the moment, maybe permanently, outside the sciences. If you take a look at studies of insect behavior, you get very intricate and interesting investigations of mechanisms. But nobody asks about the choices. Why does a cockroach turn left? That's not a general question to ask in the sciences.
>
> Chomsky (2012) pp. 96–97.

令和の世の次郎左衛門に対して，研究者によっては，「いや，チョムスキーが（５）で“自然言語というものは，統語論と語用論だけからなるのかもしれない”と言っているのは，“言語について総合的に考察する場合には”という意味だ」と言ってチョムスキーを弁護するかもしれません。しかし「言語について総合的に考察する場合」とはどういうことなのか，筆者の知る限り，チョムスキーは明確なことは何も言っていません。しかも彼の（6）の中の「語用論は総合的な言語理論の中心的・核心的な構成要素だと考えている」の中には明白に「理論」という言葉が出てきます。このコンテクストでの「理論」は自然科学的理論と考えざるを得ません。自然科学的理論の対象の中に語用論を含めるというのは，チョムスキー的立場では矛盾ではないのでしょうか？　たしかに「理論」とは，その場における定義を定めれば別ですが，そうでなければ，いろいろな意味を持ち得ます。壬申の乱は私たちが学校で習ったように京都周辺で起こったという「理論」があるのに対して，「あの乱は九州で起こった」という「理論」があるそうです。「太郎の妻の花子が家を出てしまったのは，太郎のせいではなく，太郎の母，つまり花子の姑（しゅうとめ）のせいだ」というのも，ある家庭の不和に関する1つの理論です。「次郎にああいう悲運が起こったのは，彼の16代前の先祖・大三郎に殺された男の祟りだ」というのも，それを本気で主張する人にとっては明らかに「理論」でしょう。壬申の乱については，京都説の方が優勢なのでしょうが，九州説も完全に否定されているわけではありません。これは「人文科学」の特徴で，自然科学では「天動説も地動説も，それぞれに正しい点を持つ；双方を支持すべきだ」などということはありませんね。チョムスキーが自己の研究方針を指して「理論」と言った場合は，自然科学的理論でなければ筋が通りません。「語用論は総合的な言語理論の中心的・核心的な構成要素だ」という言明と，「志向性をめぐる諸問題が，［…］自然科学的考察の射程内に入る」という考えは相容れません。［…］「言語構造の説明を認知過程一般の説明と統合化されるべきだという試みは，われわれ人間の認知能力の埒（らち）外になり，科学を構築する我々の能力にとって手の届かないところにある」という生成文法の主張との間にあるものは，矛盾以外の何物でもないのです。また（9）では「産出能力（capacity）」という語を用い，「行使されることが決してない何らかの産出能力があり，科学産出の能力についても全く同じことが言える」と言っています。「行使されない」のは，「言語の創造的使用を生み出す産出能力」であって，その被産出物である「言語の創造的使用」ではないはずですね。もし産出能力が行使されないと，被産出物も「われわれ人間の認知能力の埒外，科学を構築する我々の能力にとって手の届かないところにある」のであったら，科学は存在し得ないことになってしまうではありませんか。

ここで第２章の（50）を一部再録しましょう。

（10）［ガリレオ］は平気で次のように言った。「いいかね。データがこの理論を反証するなら，多分データが間違っているのだよ」と。［…］物理学は宇宙の存在物の 90% 相当が，いわゆるダークマター（暗黒物質）であるという状態にあるのだ。ダークマターが暗黒と呼ばれるのは，それが何であるかが判らず，それを発見することが出来ないからだが，それは必ず存在するに決まっている。

これで少しわかりかけてきましたね。チョムスキーが（５）で「自然言語というものは，統語論と語用論だけからなるのかもしれない」と言い，（６）で「［私は］語用論は総合的な言語理論の中心的・核心的な構成要素だと考えている」と言っているのは，彼が一方では自然言語の総体を物理学における「宇宙全体」に対応する対象と考え，他方では，（７）で言う「志向性をめぐる諸問題」，すなわち「われわれ人間の認知能力の埒外，科学を構築する我々の能力にとって手の届かないところにある」事象を“ダークマター”と見なしているのだ，と解釈すれば，彼を矛盾論者と考えることを忌避できるでしょうか？　ただし，物理学がガリレオ以来進歩していないのならともかく，進歩しているわけですから，ガリレオ時代のダークマターの一部は日の下に姿を現したのだ，ということです。言語研究に関して言えば，言語使用のうち，たとえば話し手が発話するときの心理状態一般，そして聞き手が発話を解釈したときの心理状態一般，といったことは永遠にダークマターとしてとどまるでしょうけれども，関連性理論の言う意図明示的推論的伝達（ostensive inferential communication）は科学の対象となり得ると筆者は考えます。

チョムスキーが人間言語の全体像を見すえていることは正しい道です。ただし，繰り返しになりますが，意図明示的推論的伝達をも「永遠のダークマター」と考えるのは誤っています。ついては，関連性理論の言語観・意味観がどのようなものであるかを次の項で見てみましょう。

3　関連性理論の言語論・意味観

第2章で，(28)，(29)，(30) を通じて生成文法の「I 言語対 E 言語」の差を示しました。I と E の違いが意味論と語用論の差に対応するのか考えてみましょう。ここで第2章 (30) の一部を (11) として再現します。

(11)　このような専門的概念を「外在化された言語」(E 言語) の事例と呼称しよう。その意味するところはこうした構造体は心／頭脳から離れたものとして理解されるということである。

E 言語が心／頭脳から離れたものである，というのがここで大事な点ですね。そこで関連性理論が言語をどのようなものと捉えているかを，Sperber and Wilson (1986, 1995) からの引用で見てみましょう。

(12)　最も広い意味では，言語は整式[注3]の集合であり，文法によって生成される何らかの項目の許容可能な結合の集合であり，狭義では意味論的に解釈された整式の集合である。
In the broadest sense, a language is a set of well-formed formulas, a set of permissible combinations of items from some vocabulary, generated by a grammar. In a narrower sense, a

language is a set of semantically interpreted well-formed formulas. Sperber and Wilson (1986, 1995) pp. 172–173.

これはまさしく言語をＥ言語（の一部）として定義したものと言わざるを得ません。しかもウィルスンは Wilson (2011) で a language is a set of semantically interpreted well-formed formulas をそのまま繰り返しています。つまり関連性理論登場の時期（1980年代）から言語観は変化していないのです。この点は同じ関連性理論学者の中でも（13）に引用するブレイクモア（Diane Blakemore），（14）に引用するカーストン（Robyn Carston）と異なるように感じられます（ただ，少なくともカーストンについては，後に見るように，考究対象をその後，より広く捉え直したものと考えられます）。

(13) チョムスキーは言語学を外在化された言語（Ｅ言語）の研究から内在化された体系（Ｉ言語）の研究へと移動させたことに対する自らの貢献を Chomsky (1986) の中で記述しているが，その重要性を彼女［シフリン］が理解しているのか不明である。
[I]t is not clear that she [Schiffrin[注4]] has understood the significance of Chomsky's (1986) own description of his contribution to linguistics in terms of a move from the study of language as an externalized object (*E-language*) to the study of an internalized system (*I-language*) [...]
Blakemore (2002) p. 154.

(14) 「手続き的意味」なる旗印の下（もと）に今やわれわれがＩ言語の最も根本的な構成要素である代名詞や時制・相・法を扱うだけでなく，「おっと」・「畜生！」という語法や，ウィンクしたり肩をすくめたりする動作などの伝達手段や感情を表す口調を扱っているのは奇妙な状態である。後者はＩ言語から大きく外れていると思えるからだ。

This is a curious situation as we now have under the banner of 'procedural meaning' some of the deepest components of I-language, such as pronouns and indicators of tense, aspect, and mood, together with communicative devices such as 'oops', 'dammit', winking, shrugging, and emotion-indicating tone of voice, which would seem to fall well outside I-language. Carston (2016) p. 3.

（3）に見られるチョムスキーの「語用論能力」提案に対しては，カーストンから（15）に見る反論がなされています。

（15） 関連性理論的語用論は断じて"言語能力"の一部をなすものではない。「言語」的でない理由は，この理論が言語的刺激のみを扱うのではなく，すべての顕示的な刺激，すなわち志向性（intentionality）伝達のために用いられる刺激を扱うからであり，またそこで用いられる非論証的推論過程は，われわれの知る限り，情報処理一般において用いられるものだからである。「能力」の体系，つまり知識の集まりではないとする理由は，それが能力・知識の実行者・運用者であり，実時間上のオンライン的処理を実行するものだからである。[…] このような観察を踏まえ，かつ，二者択一的な選択（能力か運用か）を前提とするならば，結論は不可避的に次のようになる。すなわち，関連性理論的語用論は運用体系ではあるが，言語機能の一部ではないという点で，言語運用の体系ではない，と。

Relevance theory (RT) pragmatics is emphatically not a component of "linguistic competence". It is not "linguistic" because it does not deal in linguistic stimuli alone, but in all ostensive stimuli, that is, stimuli used for intentional communication, and, as far as we know, the non-demonstrative inferential processes it employs are used in information processing quite generally. It is not a "competence" system, a body of knowledge, but rather it's a doer, a performer, which operates within the constraints of real-time, on-line processing. [...] On the basis of these observations, then, and given just the binary choice (competence or performance?), the conclusion has to be that RT pragmatics is a performance system, though not a linguistic performance system in that it is not part of the language faculty.　　Carston (1999) pp. 27-28.

Sperber and Wilson (1986, 1995) から変わっていない Wilson (2011) の言語観に気付き，その旨をカーストンに書き送ったら，(16) を含む返事が来ました。

(16)　あなたの指摘によって２人（スペルベルとウィルスン）の言語観には不思議なところがあるのに気付きました；確かにＩ言語ではなく一種のＥ言語のように思えます。私の推定では，２人はＥ／Ｉ言語に関する論議を超越しようとしているのではないでしょうか。
[N]ow I see, from your observations, it [Sperber & Wilson's view of language] is rather curious. As they define it, it does seem to be more like some sort of E-language conception than Chomsky's I-language. My guess is that they want to try to transcend the E/I language debate.　　Carston (私信, 2017)

(15)，(16) を見れば，カーストンがチョムスキーのＥ／Ｉ区分をそのまま受け入れるつもりのなさそうなことがうかがわれますね。これはある意味で当然と言えるかもしれません。

関連性理論は発話解釈の理論化を目指しています。人間が発話をするということは，関連性原理IIに見るとおり，「私の話を聞きなさい。貴方の認知環境改善につながる情報が，解釈のために不必要な努力を払うことなしに得られますよ」という呼びかけです。そして発話解釈ということは，発話者が「最適の関連性を当然視」していることを聞き手が読み取ることです。これはまさしく志向性を持った行為です。志向性をめぐる諸問題が，自然科学的考察の射程内に入ると考えるのは理にかなっていないとするチョムスキーのことばと，（5）の自然言語というものは統語論と語用論だけからなるのかもしれないとする発言とはどう結び付くのでしょうか？　強いて言えば，チョムスキーの発言は「言語全体は統語論と語用論から成り立っているのだけれど，その中で科学的研究の対象となり得るのは統語論だけである」という趣旨になるでしょう。しかし，語用論的言語研究は科学として成立しないというチョムスキーの考えは，これから明らかにするとおり，誤っている，というのが筆者の気持ちです。

まず，(15) の少し後に出てくるカーストンのことば (17) を見てください。関連性理論学者が，チョムスキーの「志向性呪われてあれ」観（?）を認めていないことがわかります。

(17)　そのような語用論は話し手の志向性を推論によって察知する（これは関連性理論語用論にとってまさしく中心をなすものである）ものであり，チョムスキーにとって人間の志向性がからんだ事柄は科学的探究の埒外にある。[…] チョムスキーによる能力／運用という区分の仕方が，われわれが検討の対象としているタイプの語用論に明瞭な地位を提供できないからといって，さほど驚くには当たらないのである。

Such a pragmatics is generally taken to involve the inferential recognition of speaker's intentions (this is certainly central to relevance theory pragmatics) and for Chomsky, matters involving human intentions may well lie beyond the scope of scientific enquiry [...] It would not be too surprising then if his competence/performance distinction was set up in such a way that it does not offer an obvious place for pragmatics as conceived of here. Carston (1999) p. 28.

カーストンはさらに上で触れた私信の中で次のように言っています。

(18) [Carston (近刊) の中で] 私はチョムスキーの言う狭い個人的言語観 (FLN) と，言語哲学者の間ではもっと広く支持されている見方との間の相補性を立証しようとしています。後者に従えば，諸言語は一般に共有されている伝達体系で，単語やある種の句 (彼らは統語論についてはほとんど何も言っていませんね) の意味と使用法の「しきたり」からほとんどが成り立っているわけです。つまりはハウザー・チョムスキー・フィッチの言う広義の言語 (FLB) の１種ですね。

[In Carston (forthcoming)] I am trying to argue for the complementarity of the narrow individualist Chomskyan view of language (FLN) and the view that is more common among philosophers of language, according to which languages are public shared communication systems, consisting largely of the meaning and use 'conventions' of words and some phrases (they say little about syntax), a version of what Hauser, Chomsky & Fitch call language broadly construed (FLB).

Carston (私信, 2017)

チョムスキーは Chomsky (2012) の中でマギルヴレイの「FLN/FLB という二分法に変化はないか？」という質問に対して次のように答えています。

(19) 私たちは，基本的に言えば，アリストテレスと同じ枠組みを抱いていますね。つまり，［言語に関連しては，］音声というものが存在し，意味というものが存在し，そして音声と意味を結び付ける何かが存在するという枠組みです。それゆえ，その考え方をほぼ真実としてそこから出発すると，外在化のための感覚・運動システムがあり，思考と行為を司る概念システムに到達します。これら両システムは，少なくともその一部分において，言語から独立しています——言語機能の内部にあるのですが，それにもかかわらず，言語から独立しているのです。広い意味での言語機能がこれら2つのシステムと，両者を結び付ける何かを宿していま す。そしてさらにこれらすべてを結び付けるのが狭い意味での言語機能です。その結び付けを行う何かとは，我々が言うところの統語論であり，「意味論」であり［上で言った意味での意味論[注5]であって，普通の意味での意味論ではなく］，音韻論であり，形態論であり［…］つまり，考え方として，狭い意味での言語機能は，上で述べた2つのシステムによって用いられる情報を提供する無限の種類の表現を生み出す，ということなのです［…］。［…］そして私たちが概念システムを考察するということは，人間の行為を考察することであり，人間の行為とはあまりにも複雑なものですから，科学的研究の対象には到底なり得ないトピックです。［…］どんな研究法を用いるにせよ，それは必ずヒトが物事に言及したり，世界について語ったり，疑問を発したり，そして——ほぼ［ジョン］オースティン式の——言語行為を遂行したりするときのやり方にそれを結び付けることになるのです。こうした行為の方法は研究の対象とするにはあまり複雑すぎてどんな結果も生み出さないでしょう。それでよければそれが語用論です。伝統的な［統語論・意味論・語用論を区別する］枠組みで理解されている語用論ですが。

[W]e're basically adopting the Aristotelian framework that

> there's sound and meaning and something connecting them. So just starting with that as a crude approximation, there is asensory-motor system for externalization and there is a conceptual system that involves thought and action, and these are, at least in part, language-independent — internal, but language-independent. The broad faculty of language includes those and whatever interconnect them. And then the narrow faculty of language is whatever interconnects them. Whatever interconnects them is what we call syntax, 'semantics' [in the above sense, not the usual one], phonology, morphology [...] and the assumption is that the faculty narrowly conceived yields the infinite variety of expressions that provide information which is used by the two interfaces. [...] And when we look at the conceptual system, we're looking at human action, which is much too complicated a topic to study. [...] [N]o matter what you do, that's still going to connect it with the way people refer to things, talk about the world, ask questions and — more or less [John] Austin style — perform speech acts, which is going to be extremely hard to get anywhere with. If you want, it's pragmatics, as it's understood in the traditional framework [that distinguishes syntax, semantics and pragmatics]. Chomsky (2012) p. 36.

チョムスキーは，「伝統的な枠組みで理解されている語用論」（これは1.2で言及したMorris（1938）の提言でしたね）に言及しているだけで，自分が語用論をどう捉えているかについては何も言っていませんね。要は彼が語用論がどうあるべきかについて意を致していない，ということだと思います。彼にとって語用論とは科学の領域に入らないので仕方がないと言えばそれまでですが。それはともかく，マギルヴレイはチョムスキーの発言（19）に注を付けて（20）のように言っています。

（20） 語用論に関するチョムスキーの考え方は，それが経験的科学となる可能性は極めて低い（少なくともそれが現在一般に理解されている形では），というものだと考えられる。
Chomsky's point concerning pragmatics seems to be that it is very unlikely to be a naturalistic science (at least, as it is currently understood). Chomsky（2012）p. 36.

マギルヴレイのこの解釈が，少なくとも現在のチョムスキーの語用論観だと考えるべきでしょう。筆者に対する私信（2018）でもチョムスキーは

（21） 関連性理論は［…］言語を対象としていますが，言語以外の多くのもの／ことも対象としています。
Relevance theory [...] involves language, but much more.
Chomsky（私信，2018）

と述べているのです。もっとも，関連性理論が，その支持者も認めているとおり，生成文法の一部ではなく，生成文法とは異なる認知的モジュールを対象とする学問であることを考えれば，この事実は何の不思議でもないことなのですが。チョムスキーも上記私信で

（22） 関連性理論が認知体系の一般的構成の中でどこに属しているのかは目下明らかではありません。同理論についてはわからないことが多すぎるのです。
Where it fits in the general architecture of cognitive systems is hard to say at this point. Too little is known.
Chomsky（私信，2018）

と，関連性理論に対して否定的といえる言明をしています。

さて，第２章の終わりに，「納得がいかないのは，チョムスキーがダークマターを『永遠にダークなもの』と見ているのではないか，という点です」と書きました。これに関連して（一見話が変わるようですが違います）「鋤鼻器（じょびき）（vomeronasal organ）」について語りましょう。この器官は多くの動物に備わっており，哺乳類では鼻中隔（鼻の奥を左右に分けている壁）にあります。鋤鼻器はフェロモンを感知する器官として知られています[注6]。陸に住む脊椎動物の多くは，我々人間の嗅覚（「主嗅覚系」）に加えて「鋤鼻系（副嗅覚系）」という２つの嗅覚システムを持っていますが，人間では鋤鼻系は退化してまったくなくなっているか，痕跡が残っているだけです。そこで，「人間にはフェロモンを受容することは不可能である」という説と，「いや，人間も鋤鼻器以外のどこかで，フェロモンを感じているはずだ」という説の両方があるようです。いずれにしても，筆者が若き日，ブリジット・バルドー（Brigitte Bardot：1950–60 年代にセックス・シンボルとして世界中で人気のあったフランスの映画女優）から「フェロモンを感じた」と言ったとすれば，それは「性的魅力を感じた」を比喩的に表現したにすぎません。フェロモンとは体から分泌されるものですから，それをブリジットに一度も会ったことがなく，映画とスティル写真で拝んだだけの筆者がそれを生理的に受容できるはずはないのです。

さ，話を「退化」に戻しましょう。人間も大昔は類人猿並みの頑丈な咀嚼筋を持っていたのですが，やがて食べ物を調理することを覚えました。硬いものをガリガリ噛む必要がなくなったのです[注7]。必要が減ったりなくなったりした器官は退化します。咀嚼筋が退化して小さくなったので，人間の脳は，それまではばまれていた体積増加が可能になりました。脳の容積増大は言語が生まれた原因の一つです。ということは，脳に今後何かの変化が起こって，ダークマターがダークでなくなる可能性があるのです。もちろん，いまだにダークであるものをダークでない（“luminous” matter とでも呼びましょうか？）かのように扱うことは不可です。しかしチョムスキーがダークマターとしている，「科学を生み出す産出能力」でさえ，必ずしも脳の進化（あるいは退化）を待たなくとも，現在の脳研究を進歩させることにより，そのダークネスを減らすことが出来るかもしれないのです。ゴキブリがなぜ左へ曲がったかという問題の説明と一緒にすることは許されません。いわんや，関連性理論の目標と成果のように明らかに科学の名に値する対象の場合においてをや，です。

関連性理論の科学性について，第1章を思い出しつつ確認していきましょう。まず，「意味確定度不十分性のテーゼ」です。これは第1章の(13)（下に(23)として再録）によって定義されたものでしたね。

(23) 発話の言語形式が持つ意味は，発話が表現している意味（＝発話によって表出される命題）を下回る。

そして関連性理論は意味確定度不十分性を自然言語の本質的な特徴であるとしています（第1章(12)参照)。これはこの理論が言語として捉えているものの特徴の1つですが，同理論が何を以て言語と考えているかは，上記のスペルベル，ウィルスン，カーストンの発言から，チョムスキーの言うI言語よりも広い対象である，ということは確かです。しかしE言語のすべてを考究対象としては**いない**こともまた確かです。関連性理論が科学を目指している以上，チョムスキーがE言語と呼んでいるような「心／頭脳から離れた構造体」（第2章(30)参照）を考究対象としているはずはありません。第1章に述べた，関連性理論が「言語の意味のいかなる面をいかなる方法で極めようとしているか」を復習すれば，この理論の持つ「言語観」が明らかになります。まず，第1章(32)と(33)で，意味論と語用論を，納得のいく方法で定義していますね。そして同理論に従う語用論とは「発話の聞き手・読み手はどのようにして発話の意味を理解するのか」を明らかにすることを目的とする学問分野です。これに関して1.2で述べた内容の一部を簡略しつつ(24)として再録しましょう。

(24)　伝達に当たっては，聞き手が推論をするからこそ，「意味確定度不十分性のテーゼ」があろうと，「明意」と「暗意」の区別などというものが存在しても，話し手（書き手）の意図することが聞き手（読み手）に［…］伝わるのです。発話自身には“文字通りの”意味しかなくても，話し手が伝えようとしていることが聞き手に伝わるのは，そしてその明意（“文字通りの”意味しかありません）が暗意（これは“文字通りの”意味をはるかに超えた内容を持っています）として理解されるのも，聞き手・読み手が推論を働かせて発話の言語形式にさまざまな調整を（意味に制限を加えたり肉付けをしたり）するからです。

そしてこの調整が４種の「語用論過程（pragmatic procedure)」だったわけですね。とすると，「関連性理論が“意味”としているものは何か？」という問いに対する答えは（25）ということになります。

(25)　話し手（書き手）が相手にとって関連性があると信じて発する発話を，聞き手（読み手）が亜人格的に解釈した結果，聞き手（読み手）にとって顕在的となる命題。

4　両理論に共通点は？

言語とは何か，語用論とは何かという問題に関してこれだけ差のある関連性理論と生成文法の両理論の間に，共通点はあるのでしょうか？

確かに両理論には共通点があります。それは，どちらもモジュール（同一のモジュールではありませんが）の解明を目的としている点です。つまり，どちらも「不可思議な現象」を「狭い入口」から究明を始め，できるだけ簡潔な仮説・法則から説明可能にしよう，という科学の正道を採っている点だ，と言い換えられるわけです。そして生成文法が解明対象としているのは言語本質であり，関連性理論のそれは発話（およびそれ以外の伝達術）解釈である，と言えます。

第1章7.2の図1の後に，「サリーとアン」テストの話をしましたね。あのテストの結果からすると，2歳児・3歳児には他人が「間違った考え」を持っていることが理解できない，つまり「心の理論」が出来上がっておらず，人間はほぼ4歳になるまで心の理論を持てない，ということになります。これは，志向性というものは，このテストの実施者はそうした主張はしていませんが，生得的なものではなく，文化的環境や社会的環境等に影響された後天的資質であるという結論に結び付く可能性を持っています。けれども，次の引用を見てください。

(26) 生後2ヶ月の幼児でさえも，大人がその子としばらく対面してあやすなどした後，部屋の中にある何かの物体を調べる様子を見せると，その物体の方に顔と視線を向けるという。生後6ヶ月，1年，1年2ヶ月の幼児について調べたところ，大人がしばし幼児の注意を惹いた後，あるものに視線を向けると，それだけでも幼児はそちらに視線を移す。　今井（2001）p. 173.

これはButterworth（1994）の実験結果を紹介している件（くだり）です。この他，第4章で紹介するOnishi and Baillargeon（2005）やSouthgate et al.（2007）等の実験結果は，幼児の心の理論，そしてその志向性が生得的であることの証拠だと言えます。心／頭脳の働きが生得的であれば，それを探求する業（わざ）は必ず自然科学である，などというつもりはまったくありません。けれども人間にとって重要で，かつ不可思議霊妙としか感じられない，心／頭脳の働きは，それだけで科学的考究の対象となる価値があります。しかもその働きが生得的であると見なされるのであれば，それは人間独特の側面である可能性があり，一層大きな価値を持つと言えます。関連性理論が行っているのは自然科学的営みである，とここで再び断言しておきましょう。

とは言っても，関連性理論が生成文法の一部を成すなどとか，逆に後者が前者に含まれる，などとは筆者は考えません。両者は別々のモジュール解明を目標としている学問分野であると見なすのが正しいと言えます。

5　生成文法にとって意味論とは？

（５）だけを読むと，チョムスキーの理論からは意味論は捨象されているかに思えるかもしれません。ところがチョムスキーは別のところでは次のような言明も行っているのです。

(27)　音韻論を脇に置くなら，Chomsky (1975) 以来私がこの分野で行ってきた研究のほとんどすべては意味論に収まる。
[P]utting aside phonology, virtually everything I've done in the field since LSLT falls within semantics.
Smith & Allott (2016) p. 242；訳本 p. 291.

(28)　狭い意味の統語論における作業のほとんどすべては，意味論的（そしてもちろん音声学的）問題の解釈に密接に関係づけられてきたし，それらの問題に促進されてきたのである。この事実は誤って解されることが多かった。その原因は，多くの研究者がこの作業を「統語論」と呼ぶことを好み，「意味論」という用語を言語外的な何ものかの表現間の関係にとっておきたかったからである。
Virtually all work in syntax in the narrower sense has been intimately related to questions of semantic (and of course phonetic) interpretation, and motivated by such questions. The fact has often been misunderstood because many researchers have chosen to call this work "syntax," reserving the term "semantics" for relations of expressions to something extra-

linguistic. Chomsky (2000) p. 174.

これは（5）と矛盾するようですが,「矛盾しない, という顔」をしています。というのは,（5）で「成立するとの議論が弱い」とされているのは「指示を基礎とした意味論」であり, それには「内在主義の統語論版のそれを除けば」という注が付いています。「指示を基礎とした意味論」というのは第1章（5),（6）で示した定義に従う伝統的研究法で, それがいかに望ましい結果を生まなかったかは同章 1. 1. 2 に詳しく述べられています。なお「内在主義の統語論版」は「内在的意味論 (internalist semantics)」という別名でも呼ばれます。

では内在的意味論とはどのようなものなのでしょうか？　いくつかの引用で探ってみましょう（(29),（30）はチョムスキー自身の言で,（31）はマギルヴレイによる解説です)。

(29) 自然言語には統語論と語用論しか含まれていないという可能性がある。つまり「意味論」なるものは「この方策——その構造と表現の潜在能力が統語論研究の主題であるわけだが——が言語共同体の中で実際に使用される事態の研究」という意味でのみ言語に含まれるということだ。

It is possible that natural language has only syntax and pragmatics; it has a "semantics" only in the sense of "the study of how this instrument, whose formal structure and potentialities of expression are the subject of syntactic investigation, is actually put to use in a speech community," [...].

Chomsky (2000) p. 132.

(30) 「自然言語の意味論」としばしば呼ばれるもの］は統語論の一部とみなされてよいだろう。

［What is often called "natural-language semantics"］can be

regarded as part of syntax. Chomsky (2000) p. 174.

(31) 内在的意味論は統語論の形を取ることが可能であり，またその形を取るべきである［…］。内在的意味論を進めようとする努力が単語と文の意味に焦点を当てるにせよ，あるいは談話に焦点を当てるにせよ，その焦点の向かう先は記号とその使用の潜在力であって，個人が自分が真と考えることを指示し，それについて何かを発話するときの実際の使用に向かうのではない。
[I]nternalist semantics can and should be seen as a form of syntax [...]. Whether internalist semantic efforts focus on the meanings of words and sentences, or on discourse [...], the focus [...] is on the symbols and their potential for employment, not on their actual use by a person on an occasion to refer and say something that he or she holds true.
Chomsky (2012) p. 207.

これらの引用を読んだだけではもちろん，チョムスキーの他の論考を眺めても，内在的意味論の具体的姿は見えてきません。彼は言語機能内の部門として意味論を立てていないだけでなく，意味論（‘内在的’という呼称を付けたにせよ）と語用論に関する具体的考究を一切行っていないからです。「内在主義意味論はまだ入り口が紹介されただけの段階だ。具体的論考がまとまった形で表れなくても仕方がないではないか」という弁護論も一応通用するかもしれません。‘外在的’意味論も，日常言語学派から数えて１世紀も経った今となっても，挙げ得た成果はほとんど無価値であったと言ってもいいでしょう。前提が誤っていたため，多くの学者の時間・努力にもかかわらず成果が上がらなかったと見るべきです。しかし筆者は，そうした弁護論よりも，周囲からは「卑俗な見方だ」と批判されそうな解釈を敢えて取ります。要するにチョムスキーは，言語機能の「より形式的（formal）な面」に比べて，それよりも周辺に近い，あるいは言語機能の外にあるのかもしれない「意味面」には，前者に対するほどの熱気は抱いていないと見るべきだ，ということです。チョムスキーも神様ではないのですから，そうした好き嫌いがあっても不思議ではないでしょう。

内在的意味論と科学的語用論は，それに賛成する，より若い研究者の腕（と言うよりは頭脳）に任せ，その成果に期待すべきだと考えます。

注

注 1．これは Hauser et al. (2002) を読めば一層明らかになります。

注 2．歌舞伎演目『籠釣瓶花街酔醒』で，次郎左衛門は散々入れ上げた遊女・八つ橋に愛想づかしをされ，「花魁，そりゃあチトそでなかろうぜ」となじります。「そでない」とは「そうではない→道理に合わない」の意味です。しばらく前，この句の語源を「袖」に結び付けた「通俗語源」を正しい語源として得々と披露していた自称歌舞伎通の元 NHK アナウンサーを今井（2004）で批判したのですが，今度は他でもない松竹の『シネマ歌舞伎』が同じ誤りを犯しているのを知り呆気にとられました。

注 3．「整式」とはある体系の規則に従った形式のことです。日本語という体系では「ミルク（[miruku]）」とか「鈴木はイタリアに行った」は整式ですが，「[milk]」とか「に鈴木行ったはイタリア」は日本語の規則（辞書・文法）に従っていないので整式ではありません。

注 4．Blakemore（2002）からのこの引用は，Schiffrin, Deborah（1994）*Approaches to Discourse*. Blackwell. への批判です。

注 5．Chomsky（2012）中のマギルヴレイ執筆による Appendix VI に詳しい検討があります。

注 6．鋤鼻器に刺激があると，動物はいろいろな反応を示しますが，特に馬は「フレーメン（Flehmen）」という，下の図に見るとおり，笑っているかのような表情を見せます。

注 7．退化については 2022 年 12 月 27 日放送の NHK 番組「ヒューマニエンス」から多くを学びました。ただし本文の記述についてもし誤りがあったならば，それは筆者の責任です。

参考文献

Blakemore, Diane (2002) *Relevance and Linguistic Meaning: The Semantics and Pragmatics of Discourse Markers*. Cambridge University Press.

Butterworth, George (1994) "Infant intelligence," • In Khalfa, J. (ed.) (1994) *What is Intelligence?* Cambridge University Press〈今井邦彦（訳）『知のしくみ』1997 新曜社〉

Carston, Robyn (1999) "The relationship between generative grammar and (relevance-theoretic) pragmatics" *UCL Working Papers in Linguistics 11* 21-40.

Carston, Robyn (2016) The heterogeneity of procedural meaning. *Lingua Volumes 175–176,* 154-166.

Carston, Robyn (forthcoming) Lexical innovation, word meaning and the lexicon.

Chomsky, Noam (1995) Language and nature, *Mind 104* (413): 1-61.

Chomsky, Noam (1986) *Knowledge of Language — Its Nature, Origin, and Use.* Praeger.

Chomsky, Noam (1975) *The Logical Structure of Linguistic Theory.* Plenum.

Chomsky, Noam (1966) Cartesian Linguistics: A Chapter in the History of Rationalist Thought. Harper and Row. 川本茂雄（訳）(1970)『デカルト派言語学：合理主義思想の歴史の一章』，テック；新版 みすず書房（1976).

Chomsky, Noam (2000) *New Horizons in the Study of Language and Mind,* Cambridge University Press.

Chomsky, Noam (2012) *The Science of Language: Interviews with James McGilvray.* Cambridge University Press.

Parret, Herman (1974) *Discussing Language,* Mouton.

Sperber, Dan and Deirdre Wilson (1986, 1995^2) *Relevance: Communication and Cognition.* Blackwell.

Stemmer, Brigitte (1999) An On-line Interview with Noam Chomsky: On the Nature of Pragmatics and Related Issues. *Brain and Language 68* (3). 393-401.

Wilson, Deirdre (2011) The conceptual-procedural Distinction: past, present and future. In: Escandell-Vidal, V and Leonetti, M and Ahern, A, (eds.) *Procedural Meaning: Problems and Perspectives.* (3-31). Emerald Group Publishing.

今井邦彦（2001)『語用論への招待』大修館書店.

今井邦彦（2004)『なぜ日本人は日本語が話せるのか』東京 大修館書店.

第4章

認知言語学

1　認知言語学の発生

この章では，「ことばを科学するということはどういうことか」という観点から認知言語学について考えてみます。

生成文法が，というかチョムスキーが「意味から出発する言語学」の可能性を否定していることは，これまでの話からしてすでに明らかですね。ところが皮肉なことに，チョムスキーの最初の弟子たち——マコーリ（James McCawley, 1938–1999），ポウスタル（Paul Postal, 1936–），レイコフ（George Lakoff, 1941–）等の学者でした——が，この考えに反発し，まさしく意味を出発点とする言語理論を主張しました。彼らは自分たちの理論を「**生成意味論**（generative semantics）」と呼び，生成文法を「**解釈意味論**（interpretive semantics）」と呼びました。生成意味論は比較的早く力を失ってしまったのですが，**認知言語学の端緒**を開いたのは，Lakoff（1987）*や Lakoff（1990）*，Lakoff and Johnson（1980）*などの著作でした。一方，ラニカー（Ronald Langacker, 1942–）は Langacker（1986, 1987, 1991, 2008）*等によってこの理論の厳密な体系化を行いました。フォコニエ（Gilles Fauconnier, 1944–2021），トマセロ（Michael Tomasello, 1950–），エヴァンズ（Vyvyan Evans, 1968–）らも，認知言語学の有力な代表者です。

まず認知言語学界の新鋭エヴァンズが，Lakoff（1990）による「**一般化確約**」と「**認知的確約**」を，この理論の２つの根元的“公約”として掲げていることを指摘しましょう。前者についてエヴァンズは次のように言っています。

（1） 一般化確約とは人間言語のすべての側面に適応する一般原理の特質を明らかにするという確約である。この目標は，最も広い一般化を達成しようという科学の標準的確約の特定の事例に過ぎない［…］。

一般化確約は言語知識のさまざまな側面が，人間の諸認知能力の共通の集合からどのようにして引き出されてくるかを考察するという確約であって，そうした側面が頭脳の中の情報遮蔽（しゃへい）的[注1]なモジュールによって作り出されるとことを前提とするという趣旨の確約ではない。

The Generalization Commitment represents a commitment to characterizing general principles that apply to all aspects of human language. This goal is just a special subcase of the standard commitment in science to seek the broadest generalizations possible [...].

[T]he Generalization Commitment represents a commitment to investigating how the various aspects of linguistic knowledge emerge from a common set of human cognitive abilities upon which they draw, rather than assuming that they are produced encapsulated modules of the mind.

Evans (2009) p. 48.

「人間言語のすべての側面に適応する一般原理の特質を明らかにするという確約」とは驚きです。これまでしばしば，自然科学的研究では「入口の狭さ」が必須と考えられている旨を学びましたね。ガリレオは「すべての環境に適応する落下の法則を明らかにする確約」などしたでしょうか？研究の初めから「最も広い一般化を達成しよう」とするのは科学者ではありません。エヴァンズのことばは科学を志す人の言とは考えられません。

これに対して生成文法がいかにして「狭い入口」から研究をはじめ，半世紀近く経って初めて，本来極めて近い領域である生物学との「交流」に移ったことを示すチョムスキーからの引用を見てください。

（２）　第二次世界大戦後，言語とは何かを理解する動きが，非常に広い領域に亘って，素晴らしい進歩をとげた。その中には，この，高度に特殊な認知能力，すなわち他の能力から数多くの点で乖離し，本質的にヒトのみに備わっている能力に関する包括的原則の理解が含まれていた。[…]

「生成文法による企て」は，構造言語学の手続き的接近法を退け，それに替えて言語とは何かという概念を発展させる道を選んだ。その概念は，言語の本質的な性質とその構想に必然的に依存する言語関連の諸問題考究の手引きとなるに十分なだけの具体性を持っていなければならない。上記から結論されるのは，どの個別言語も，何らかの形の生成手順 GP を組み込んでおり，その手順によって内的表現が性格づけられ，2 つの接続器官[注2]に対する適切な「指令」が転移機構を通じて伝えられるよう準備されるのである。[…] GP（生成手順）とは，それ自身，I 言語として，1 つの言語だと考えてよい。[…]

言語に対する内在主義的接近法は，戦後初期に形を整え始めたものだが，言語能力をヒトという有機体が持つモジュールの 1 つとみなす，発展途上の「生物学的言語学の枠組み」と不可避的に結びついていた。このモジュールはほぼ全面的に頭脳なのだが，複雑度がもっと高いシステムの一部なのである。その，複雑度がより高いシステムとは，ヒトの生涯の中で言語機能がそれ以外の同等なシステムと相互作用を行うさまをより広い研鑽の一部として独立に検討するための十分な内的正確さを持っていなければならない。この点で言語機能は，視覚器官，抗体形成システム，消化器官その他の「生理器官」，計画立案や社交的関係の解釈，さまざまな種類の記憶等を司る「心的器官」と同類である。したがってこの接近法は，認知脳科学者 C.R，ガリステルが生物学の一般的規範と呼んでいるものと一致する。つまり，両システム共，いろいろな領域，さまざまな種に存在する成長／学習を持ったモジュールシステムだということなのである。

(Gallistel, 1999) *.

科学が欠くことのできない技法は，あらゆるところに現れている通り，ノーベル物理学賞受賞者ジャン・バティスト・ペランが言ったように，「目に見える複雑性を単純な不可視性に」還元することなのである。

There has been remarkable progress in understanding language in the post-World War II period, over a very broad range, including the general principles that shape this highly special cognitive faculty, dissociated from others in many ways and unique to humans in essentials. [...]

The "generative enterprise" abandoned the procedural approach of structural linguistics and sought instead to develop a concept of language concrete enough to guide the study of its essential properties as well as the related inquiries that necessarily rely on such a conception. [...]

It follows that each language incorporates a generative procedure GP of some sort that characterizes the internal expressions and provides the appropriate "instructions" for the interfaces, by means of its transfer mechanisms. [...] We can think of a GP as itself a language in the sense of *I-language* [...].

This internalist approach to language [...] was embedded in the developing "biolinguistics framework" that regards the

> language faculty as a module of the organism, mostly the brain, a subcomponent of a more complex system with enough internal integrity to be studied independently as part of a broader investigation of its interactions with other such systems in the life of the organism; analogous in this respect to the visual, immune, digestive, and other "physical organs," and the "mental organs" of planning, interpretation of social relations, various kinds of memory, and so on. The approach thus accords with what cognitive neuroscientist C. R. Gallistel describes as the biological norm generally: modular systems with special growth/learning mechanisms in different domains and different species (Gallistel 1998, 1999). [...]
>
> [T]he essential art of science, revealed everywhere, is reduction of "complex visible to simple invisibles," as Nobel laureate in physics Jean Baptiste Perrin put the matter.
>
> Chomsky（2013）

科学とは，理解・説明がつかない不可思議なことを理解・説明しようという試みですが，その不可思議なことを最初からまとめて一気に相手にしようというのは無理です。認知言語学はその無理を押し通そうとしているようですが，生成文法は，手の付けられる，「狭い入口」から入って慎重に進もうとしたことが判ります。すでに学んだとおり，幼児の母語獲得が極めてスピーディーなこと，人間である限り，人種・国籍などとは無関係に，生育する共同体の言語がその人の母語となること等は「目に見える複雑性」だったと言えましょう。この複雑性は「ヒトには生得的な言語機能が平等に備わっている」という仮説によって複雑度を減らしました。言語機能も，初期にはいろいろな種類の数多い規則や原理[注3]から成るものとされましたが，やがてそれらの多くは研究途上ゆえに誤って設定されたものであったことが判り，それらを排除した言語機能は，かなり「単純な不可視物」と化してきたのです。生成文法と認知言語学の成果の多寡は，両理論の方法論の違いの産物であることがこれで判ります。

それにもかかわらず，と言いたいところですが，エヴァンズは認知的確約についてサセックス大学の同僚グリーン（Melanie Green）と共に次のようなことを述べています。

（3）「認知的確約」が表明しているのは，言語構造の諸原理は人間の認知について他の学問領域，とりわけ認知諸科学（哲学，心理学，人工知能，そして脳科学）から得られる知識を反映したものでなければならないという見解である［…］ことばを換えれば，認知的公約から当然のこととして結論されるのは，言語と言語的組織は一般的認知原理を反映したものでなければならず，言語の特定的な認知原理を反映したものであってはならない，ということである。

[T]he ‘Cognitive Commitment’ represents the view that the principles of linguistic structure should reflect what is known about human cognition from other disciplines, particularly the other cognitive sciences (philosophy, psychology, artificial intelligence and neuroscience). In other words, it follows from the ‘Cognitive Commitment’ that language and linguistic organization should reflect general cognitive principles rather than cognitive principles that are specific to language.

Evans and Green (2006)* pp. 40–41.

これもまた科学を志す人の言葉としては残念なものと言わざるを得ません。言語構造の諸原理が反映すべきであるという他の学問領域からの知識とは，いったいどの時代の，誰が築いた領域からの知識なのでしょうか（言語機能の研究と同時に他の学問領域の研究を行う訳にはいきませんものね）？　認知言語学が構成しようとしている言語構造の諸原理は，そうした古い，あるいは誤った他の学問領域の知識を超えることはあり得ないわけですね。言語を，これまでよりも進んだ形で考究するためには，「言語固有の特定的な認知原理」がまだわからない内にそれが「一般的認知原理」を反映させねばならない，とはどういうことなのか，認知言語学者以外の人間には理解できません。

認知言語学もう一人の設立者ラニカーの声を聞いてみましょう。これは生成文法の唱える「言語の自律性」，生成文法・関連性理論が共に支持する「モジュール説」に真っ向から反対するものです。

（４）　認知文法［…］と呼ばれるこの理論が前提としているのは，言語というものは自律的な存在ではなく，認知的な過程に本質的に依拠することなく記述できるものではない，とする考えなのである［…］。文法構造というものは自律的な形式体系を構成するものではない［…］。辞書，形態論，そして統語論は体系的単位が一体化した連続体なのであって，それらが分離した複数の「構成要素」をなすと見なすのは恣意的な見方である。

Called “cognitive grammar” [...] this method assumes that language is neither self-contained nor describable without essential reference to cognitive processing [...] Grammatical structures do not constitute an autonomous formal system [...]. Lexicon, morphology and syntax form a continuum symbolic units divided only arbitrarily into separate ‘components’.

Langacker (1986)* p. 1.

「言語というものは自律的な存在ではなく，認知的な過程に本質的に依拠することなく記述できるものではない」などという主張は本書のこれまでの記述から判断して，妄言であることが明らかでしょう。

2　認知言語学の“尽きざる不思議さ”

妄言はもうたくさんだ，などと言わず，つづいてフォコニエの言も聞いてやってください。これも「言語の非自律性」の主張です。そしてフォコニエは生成文法の比較的最近の進化発生生物学注4 的傾向にも嘲笑的態度を示しています。

（5）［生成文法学者の声に耳を傾ければ］人間は生物学的に生得的な言語特有の普遍原理［evo/devo，進化発生心理学］を備えており，これは，異なる生物の発生過程を比較してそれらの系統関係を推測し，発生過程がどのように進化したかを示す生物学的研究の分野である。そうした普遍原理は具体的実例に遭遇しても，最小の微調整しか必要としない，という答えが出される。［…］普遍性は脳の中にあるのだから，それは遺伝子の中にもあるはずだ；言語学は理論的生物学なのだ：そして，人間の肉体が持つ実装に関する面については，遺伝学者と脳科学者が充填を行ってくれる，という次第である。

この奇妙で単純な所説には，それ自身の方法論と一般化がある。［…］一般化として通用しているのは，より範囲の広い現象および／または諸言語に適応可能な形式的原理なのである。

この，極端に自律的な言語観とは対照的に，認知言語学は昔ながらの伝統を復活させた。この伝統に従えば，言語は意味を編み出し，それを伝達する役割を担っており，言語学者と認知科学者にとって，言語とは精神・頭脳の中を知るための覗き窓の役を果たしているのである。

[Humans] come equipped with innate language-specific universals, that require only minimal fine-tuning when exposed to a particular specimen [...] Since the universals are in the

> brain, they must also be in the genes; linguistics is theoretical biology; geneticists and neuroscientists will fill in the messy details of its implementation in our bodies.
>
> This strange and simple story contains its own methods and generalizations [...]. What counts as generalizations are the formal principles that to wider ranges of phenomena and/or languages.
>
> In contrast to this sharply autonomous view of language structure, cognitive linguistics has resurrected an older tradition. In that tradition, language is in the service of constructing and communicating meaning, and it is for the linguist and cognitive scientist window into the mind.
>
> Fauconnier (2000)* pp. 1-2.

「昔ながらの伝統を復活させ」ることがよい場合は無論あります。けれどもそれを行うには，復活が正しい道であるという理由付けが伴わねばなりません。ただ古い道を再び歩むことが価値あることであると言うなら，国の権力者が好き勝手に国民を死刑にすることができる制度は良い制度だ，ということになりますし，南アメリカ以外の世界の人々はみなジャガイモを食べるのをやめなければならないでしょう（16世紀にスペイン人が南米から持ち帰るまでジャガイモは西洋人にも東洋人にも知られていなかったのですから)。言語学での「昔ながらの伝統」への復帰は，（1）に見られる「言語は他の諸認知能力の共通の集合から引き出される」という見方やモジュール説の否定を指す，なげかわしい“先祖返り”です。

次に日本の認知言語学者の間で人気の高いトマセロの主張を見てみましょう。ヒトが言語を持つという点で他の動物とはまったく異なる，ということをトマセロは否定していません。そのことだけ取り上げればトマセロの（そして認知言語学の）主張は生成文法のそれと変わりがないことになります。しかしヒトがその独自性を持つ原因として，生成文法が人の脳内にある生得的な言語機能の存在を挙げているのに対し，トマセロは，ヒトという種だけが持っている文化伝播方式（species-unique modes of cultural transmission）によって誕生後にその独自性を獲得するからだ，と主張します。ですが，ヒトがそのような文化伝播方式を持っているとすれば，それはまさしく言語だったのではないでしょうか？　ここで強いて言語以外の文化伝播方式があったと仮定してみましょう。その方式をヒトはどのようにして手に入れたのでしょう？　生得的だったのではないでしょうか？そもそもその文化伝播方式はどうして消え去ってしまったのでしょう？もしそれに代わって言語が出現したのなら，なぜ，またどのようにしてその交代は起こったのでしょうか？

（6）人類は自分たちの認知的資料を，他の生物がなしえない形で蓄積する能力を持っている。[…]［ヒトによる文化学習は］単一の極めて特殊な形式の社会的認知，すなわち各個人が自分たちと同種の生物を自分たちと同じように志向的で知的な生（せい）を持つ**同族**であると理解する能力によって可能になっているのである。

[H]uman beings are able to pool their cognitive resources in ways that other animal species are not [...]. [Human cultural learning is] made possible by a single very special form of social cognition, namely, the ability of individual organisms to understand conspecifics as being *like themselves* who have intentional and mental lives like their own.

Tomasello (1999)* p. 5.

ここで，イタリアの脳科学者・言語学者であるモロ（Andrea Moro, 1962-）の言を紹介しましょう。認知言語学の「言語機能文化継承説」を直接に批判しているわけではありませんが，実質上，それに対する大いなる皮肉となっています。

（７） イデオロギーがデータを支配するがままにさせておけば，麻痺・停滞を招く危険を冒すことになります。20 世紀中ごろの言語学はまさにこの状態でした。どんな代償を払っても諸言語は「恣意的な文化上の慣例の集まりだ」という概念を押し付けたいという欲望のもと，言語を生物学的に研究しようという試みは事実上排除されていたのです。

[I]f we let ideology prevail over data, we risk paralysis. This was where linguistic was in the mid-twentieth century: through a desire to impose at all costs the notion that languages are "arbitrary cultural conventions," work on the biology of language was effectively ruled out.

Moro (2016) pp. 56-57.

次のトマセロの言明には，これがはたして言語を科学的に研究することを目標にしている人物のことばなのかと疑わせるものがあります。

（８） モジュール理論の主要な問題点は，「モジュールにはどのようなものがあり，それらを同定するにはどのように努めればよいか？」であり，それは現時点でも変わりがない。この問題への答を，モジュール主義者のうちのある人々が示唆しているように，脳の構成に求めようとするのは，明快さからほど遠い。なぜなら，脳の中の機能を司るいろいろな部位は互いに異なるさまざまな発達過程を持っている可能性があるからだ。つまり，認識論的要素の発生的過程を含んでいないかもしれないのだ。[…]

モジュール主義者にとっての２番目の主要問題は［…］言語記号や社会慣行は社会的に構成されたものであるからして，ヒトの進化の過程で一挙に完成され出現したとは到底考えられない，ということである。

私の［…］仮説は，人類が自分の同種生物を志向性を持った存在として理解し，その同種生物と共感できる新しい道を進化させたのだ，ということである。それに対して，他の多くの理論家は，人間の認知を他の動物のそれと区別しているものは「心の理論」だ，と示唆してきた。もし心の理論という用語が社会的認知一般を総括的に指す形で使われているのならば，その主張には妥当性がある。けれどもこの用語が誤信念（他人の心を誤認すること）という狭い意味にしぼって使われているのなら，心の理論は人間の子供が４歳を過ぎるまでは発揮できない能力であることに注目せねばならない。一方，人間の認知力は，注目の共有，言語獲得その他の文化学習という形で，人間以外の霊長類に認知力から重要な点で離れ始めるのが１，２歳からなのである。

The major problem for modularity theories has always been: What are the modules and how might we go about identifying them? [...] Searching for answers in the brain, as suggested by some modularists, is far from straightforward, as locations of function in the brain many different developmental processes not involving genetic specification of epistemological content [...]

The second major problem for modularity theorists [...] is that such things as linguistic symbols and social institutions are socially constituted and so could not conceivably have emerged full blown all at once in human evolution [...]

My [...] hypothesis [is that] human beings evolved a new way of identifying with and understanding conspecifics as intentional beings [...] [O]n the other hand, many other theorists have implied that what distinguishes human cognition from that of other animals is "theory of mind," which is appropriate if that term is used generically to mean social cognition in general. But if the term is meant to focus narrowly on

> the understanding false beliefs, it should be noted that this is something human children do not do until they are four years of age, but human cognition begins to differ in important ways from nonhuman primate cognition at around one to two years of age with joint attention, language acquisition and other forms of cultural learning.
>
> Tomasello（1999）pp. 203-206.

トマセロは「モジュールにはどのようなものがあり，それらを同定するにはどのように努めればよいか？」が問題だとしていますが，そんなことが初めからわかっているなら人間の知を究める科学など始める必要はありません。彼には，科学における「入口の狭さ」選択の重要性が判っていないようです。「心の理論」を生成文法支持者が「誤信念」の意味で使っているかのような言い方をしているのも腑に落ちません。第１章（7.2）で紹介した心の理論に関する古典的実験「サリーとアンのテスト」では確かに誤信念がテストされ，４歳未満の子供は正答ができないとされたのですが，このテストが行われた1985年を過ぎると新しい観察結果が出て，今井他訳（2019）には（９）という記述があります。

（９）　健全に発育している子ども［…］は誤信念テストでも，言葉が介入しない版の場合は，はるかに幼い時期でも，テストに合格する［…］。たとえば，１歳３ヵ月のこどもは，実験参加者が部屋に帰って来たときに玩具が隠された正しい場所を探すとびっくりするし，視標追跡実験を行うと，２歳児は，帰ってきた実験参加者が隠された玩具を求めてどこを探すかを正しく予測する。

（pp. 27-28）

また第３章（22）で紹介したButterworth（1994）には誤信念認識以外の心の理論生得性に関する実験結果が示されていました。心の理論は生後２

か月の乳児にも備わっているのでしたね。

そして次の Evans and Green (2006) からの引用を読むと，チョムスキー理論をよくこれだけ誤解できるものだ，と感心してしまいます。

(10) 生成文法が基盤にしているのは，言語に関する意識されていない知識であるところの特別で生得的な認知システムが存在するという仮説である。[この] 接近法はモジュール性というテーゼを前提としており，そのテーゼの中には統語論自律性というテーゼが含まれている。認知言語学的諸接近法は，これに反して，言語とは情報遮蔽的なシステムではなく，一般法則化された認知諸過程の中に埋め込まれ，そこから切り離すことのできないシステムなのだという前提に立っている [...]。

こういう考え方に立てば，その論理的帰結として，認知言語学的モデルでは統語論は自律的ではないということになる。統語論は，自律的ではなく，語彙目録や形態論と繋がった連続体の一部を形づくっていることになる。[...] チョムスキーの接近法...の中では，「計算システム」である統語論の内部で作動する記号は意味を持っていない。それどころか，ミニマリスト・プログラム内で「併合」と「移動」の操作を駆動させる素性の多くは「解釈不能な」素性として評され，非文法的な出力が生まれないよう，派生の過程で排除されなければならないのである。

[T]he generative model rests upon the hypothesis that there is a special and innate cognitive system that represent unconscious knowledge of language [...] [This] approach assumes the modularity thesis and, within this, the autonomy of syntax thesis. Cognitive approaches, on the other hand, assume that language is not an encapsulated system but a system embedded within and inextricable from generalized cognitive processes [...]

> It follows from this view that, in the cognitive model, syntax is not autonomous. Instead, the syntax forms part of a continuum together with lexicon and morphology [...] In [...] Chomsky's approach, the symbols that operate within the syntax of 'Computational System' are meaningless.
>
> Indeed, many of the features that drive the Merge and Move operations in the Minimalist Program are described as 'uninterpretable' features, which have to be eliminated in the course of the derivation to avoid an ungrammatical output.
>
> Evans & Green (2006) pp. 743-753.

認知言語学の奇妙な立場を示していますね，この引用は。「認知言語学的諸接近法は…言語とは…一般法則化された認知諸過程の中に埋め込まれ，そこから切り離すことのできないシステムなのだという前提に立っている」ということですが，何かから切り離せないほど輻輳（ふくそう）したものに初めから一括りとして取り組む，というのは科学の方法としては間違っています。成功の望みは少ないですね。ガリレオはあらゆる気象等条件下での落下の法則を求めようとせず，当時地表では実現する技術のなかった「真空」という抽象的条件化の研究を行ったからこそ成功したのではありませんか。日本の生成文法研究を代表する外池滋生氏もこの点について次のようにコメント（私信）[注5]しています。

(11)　Evans & Green の言わんとするところは，言語は単独のシステムとしては研究できず，他の認知システムと一体として研究しなければならないと言うことである。この言説には自己矛盾と科学研究のあり方に対する度し難い無理解が潜んでいる。

まず，彼らは言語はシステムであると述べている。言語をシステムであると捉えるならば，その関係が他の認知プロセスとどれほど深く結びついていようが，原理的にはそれらから分離できるものであるはずである。そうでないなら，システムと呼ぶのは自己撞着である。

科学は様々な要素と分かち難く結びついている中から，一つのシステムをなしていると考えられるものを抽出することによって，進歩してきたことは（Evans ＆ Green 等は例外であるかもしれないが）誰でも知っていることである。落下という現象を考えてみよう。様々なものが，地上に落下する。火山弾，雹，雨，霰，粉雪，牡丹餅雪，手を離れた小石，金貨，紙切れ，帽子等々，である。そして，落下という現象は，それが生じる様々な条件と分かち難く結びついているように，我々の目には見える。落下するものそのものの重さ，体積，形状も様々であれば，その時の気温や風向きも千差万別である。また，1 日の内でどの時間に起こるかということも，最初から無関係とは言えない。それ等の要因の組み合わせは無限である。（気温や風向き，1 日の時間には幅があって無限ではないという反論もあるであろうが，気温の条件は摂氏で 100 度程度の幅のなかで考えても，その中は無限に分割可能であり，風向きも，360 度の中は無限に分割可能であり，24 時間も無限に分割可能である。）もし，このような複雑な落下という現象に対して，それを取り巻く「分かち難い条件の複合があるからと言って，人類がその解明を諦めていたなら，我々は世界についていまだに何万年も前と同じ理解（あるいはその欠如）しか持たないことになる。紙切れのように高いところから「落としても」元の位置より高く舞い上がる物さえあるし，羊毛の塊と，金属の塊を落とすと，金属の方が地上に先に到達することを経験的に知っている昔の人は重いものの方が軽いものより早く落下すると考えた。これは誤った考えであったが，これは立派な仮説であった。（1 日のどの時間であるかが無関係であることはもちろん最初の段階から分かっていたが，これも仮説を立てる段階でそれ等を捨象したからである。）人類はこのように間違っていても「…ではないか」という仮説を立てることにより，自分の世界の理解を深めて行ったのである。この仮説が正しければ，重量の異なるものを同じ高さから落下させれば，重いものの方が先に地上に到達するはずであるという予測を生み，その予測は検証が可能である。そこで，ガリレオ・ガリレイは当時の仮説が間違っていることをしめしたのである。またこの実験の背後には，物体の比重と形状によっては空気の抵抗を受ける，そのような要因を捨象するためには，同じ条件の下で，比重の等しいものを落下させれば，落下の速度が重さに比例しないということが示せるという思考があり，当時は技術的には実現できなかった真空という条件の下では全てのものは同じ速度で落下するという仮説があったと考えられる。もしガリレオが，「分かち難く結びついている諸条件」に恐れをなして，落下という現象を解明しようとしなければ，そしてその後も誰もそのような試みに取り組まなければ，人類は未だに何万年も前の状態にとどまっていたであろう。「周囲の要素と分かち難くむすびついているシステムは取り出して研究することができない」というのは科学の敗北主義に他ならない。

Evans & Green（2006）の生成文法理論に関する誤解は「チョムスキーの接近法［…］の中では［…]」で始まる部分にも見られます。これに対する批判も外池氏に代弁[注6]してもらいましょう。

(12)　Evans & Greensは，チョムスキーのアプローチでは，計算システム（Computational System）という統語論のなかで働く記号（the symbols）は全て無意味（meaningless）なのだと主張する（英語でthe symbols that operate［...］と定冠詞を伴えば，［…］働く記号は全てという意味になる。著者たちがこの英語のもっとも基本的な事実を知らないとすれば，それは彼らが言語学者の名に値しない素人であることを意味する。そうでなければ意図的に全てと曲解されるよう the をつけたと考えざるを得ないが，どちらにせよ，これは全く事実に反する。文の派生に参加する語彙項目は全て何等かの意味解釈を受けるものであるのは言うまでもない）。彼らはさらに実際極小主義プログラムにおける併合と移動の操作を駆動する素性の多くは，解釈不能であり，非文法的な出力を避けるために派生の過程において除去されなければならないと主張する。これも大いなる曲解である。格素性をのぞいて他のすべての素性はどこかで解釈可能であり，その位置においては解釈不能であるが，それは派生の過程で除去される。例えば John loves Mary の loves には主語と一致して第三人称を表す -s が含まれるが，第三人称は動詞においては解釈不能である。それが証拠に動詞に人称による区別のない日本語や中国語の例は問題なく解釈される。これらはある位置においては解釈不能な素性である。どの位置にあっても解釈不能であると考えられるのは主格，対格を区別する格素性であるが，これは主語や目的語の形を決定する役目が終わると除去される。主語や目的語を格で区別しない中国語で格がなくとも文としての解釈に問題がないことからそのようなものが，解釈不能であるとすることには合理的な理由がある。ということで，生成文法についての Evans & Green のこのような特徴づけは，悪意ある言いがかりとさえ言える。

このような認知言語学者の仲間にも，あるいは？と思わせる人物がいます。スコット＝フィリプス（Thom Scott-Phillips）です。次項ではこの研究者の主張を検討してみましょう。

3　認知言語学の救済者？

スコット＝フィリプスは自分が最も大きな影響を受けた人としてスペルベルとウィルスンを挙げている関連性理論学者です。かつてトマセロのいた研究所に勤めていた関係から，上記著書の謝辞中でトマセロに言及していますが，トマセロのように，言語研究の目的や方法論があまりはっきりしない人物ではありません。彼はその著書 Scott-Phillips (2015)* の中で，人間の脳中には関連性理論の言う「**意図明示的伝達** (ostensive communication)」が**言語の出現に先立って生じ**，それの進化したものが人間独特の言語である，と主張します。次の引用は「まえがき」からです。

(13)　私の主張は，言語の源泉は進化論上新しい形のコミュニケーション形態，つまり「意図明示的伝達」が創発された結果生じたものだった，ということである。意図明示的伝達が起こったのは，そしてその結果言語が生まれたのは人間においてだけであり，他の動物には生じなかった。なぜだろうか？　簡単な答えを出すなら，意図明示的伝達は人間にだけ起こった高性能な社会的認知形式に依拠するものだからであり我々人間の，異なる社会間を越境する性格の結実として生まれたものだからである。これが生まれるや否や，我々は共通で慣習的な記号体系を創出できるようになり，それが転じて，相互作用と慣行のおかげで，単語や，文法や，言語の他の構成素として固定化されるようになったのである。

［…］語用論とは言語使用の伝達的基礎を探求する学問である。［…］言語を用いた発話と，他の型の伝達刺激の産出と理解にはどのような認知的過程がかかわっているのだろうか？　私の主張の中心は，これらの認知的過程が，言語誕生の前提条件であった，ということなのである。

My thesis is that the origin of language was the consequence of the creation of an evolutionarily novel form of communication, called *ostensive communication* [...] Why did ostensive communication and hence language evolve in our species, and no other? The brief answer is that ostensive communication depends upon sophisticated forms of social cognition that are unique to humans, and which evolved in our species as a result of our über-social nature. Once this had emerged, we were able to begin to create shared conventional codes which in turn, through interaction and usage, became ossified into words, grammar, and the other constituent parts of language.

[...] [P]ragmatics is the study of the of the communicative basis of language use. [...] [W]hat cognitive processes are involved in the production and comprehension of linguistic utterances and other, related types of communicative stimuli? One of my central claims is that the evolution of these cognitive processes was a pre-requisite for the emergence of language. Scott-Phillips (2015) p. xiii.

チョムスキー，グールド（Stephen Jay Gould, 1941–2002），バーウィック（Robert Berwick）らが，二次適応（exaptation, 種(しゅ)が最初に達成するはずだった成果とは異なる成果を適応により達成してしまうこと）を掲げて，言語を出現させるために脳が発達したのではなく，脳が発達したゆえの産物として言語が生まれたとする明白な主張しているのに比べ，古い言語起源論者や，多くの認知言語学者は，漠然と「言語はコミュニケーションのために生まれた」としているだけです。その点，スコット＝フィリプスは意図明示的伝達の創発による新しい形のコミュニケーション形態が言語の源泉だという，正しいか誤っているかは別として，少なくとも明白な仮説を標榜しています。意図明示的伝達創発が人間にだけ起こった原因にも触れていますね。むろん（13）の言明だけでは，そもそもなぜ意図明示的伝達が起こったのかが判りませんが，上記の著書をもう少し読み進むと，「意図明示的伝達」の出発点は「**再帰的心の理論**（recursive theory of mind)」であるという“生成文法めいた”言明が出てきます。

あと，「意図明示的伝達は人間にだけ起こった高性能な社会的認知形式に依拠するものだからである」というところは問題ですね。「高性能な社会的認知形式」は前もって言語が生まれていなければ創発されなかったのではないのでしょうか？　と，ここで探求を終えてしまえれば話は簡単ですが，そうは行きません。と言うのは，次のような実験結果があるからです。まずは Onishi and Baillargeon (2005)* からの引用（14)，(15）を見てください。2人の実験は基本的には第1章7.2で紹介した「サリーとアンのテスト」と同じなのですが，「サリーとアンのテスト」では被験者である子供たちへの指示は言語で行われ，子供たちにも言語で反応させたのと異なり，オーニシとバイアージョンの実験では指令や質問のための言語は用いられません。被験者である子供たちは，物体（一切れのスイカのおもちゃ）が黄色の箱・緑色の箱のどちらに入っているかに関する「寸劇実行者」の「信念」に応じてどういう行為をするかを予知する役目を担っています。子供たちは寸劇実行者が抱いているはずだと自分たちが考える信念と異なる行動をした場合，場面を「より長く」見つめるのです。(14) はアブストラクト，(15）は本文からの引用［和訳の傍点は今井］です。

(14)　研究者たちはこれまで，幼い子供は［他者の］意識の状態を理解することができない，とずっと主張してきた。この主張の証拠の一部は，未就学児童が他者は誤信念（間違った考え）を持っているかもしれないということを理解していないと行えないタイプの言語的作業を成し遂げられないという事実から来ている。我々の実験では，新しい非言語的作業を用いて生後1年3ヵ月の幼児たちを被験者とし，寸劇実行者がスイカが隠されている場所についての正しい，あるいは誤った信念に基づいて行う行為を幼児たちが予見する能力について調べた。結果は疑いようのないものだった。つまり，幼児たちは，ごく幼いころから，他者の行動を説明するために，その人たちの意識状態——目的，理解力，そして信念——に依存するという見方に支持を与えるものだったのである。

[R]esearchers have argued that young children do not understand mental states [of other people]. Part of the evidence for this claim comes from preschoolers' failure at verbal tasks that require the understanding that others may hold false beliefs. Here, we used a novel nonverbal task to examine 15-month-old infants' ability to predict an actor's behavior on the basis of her true or false belief about a toy's hiding place. Results were positive, supporting the view that, from a young age, children appeal to mental states — goals, perceptions, and beliefs — to explain the behavior of others.

Onishi and Baillargeon (2005) p. 255.

(15) 研究者の一部がこれまで示唆してきたところによれば，子供たちは4歳ごろになると，他者の行動，つまり「心の理論」に関する理解の中に根本的な変革が生ずる。すなわち，信念のような意識状態は現実的事実の直接の反映ではないと考えるようになる，というのだ。現実的事実は常に正確でなければならないが，表示・表象というものは正確である場合もない場合もある，ということに気付くようになるのだ，と。この，非表示的心の理論から表示的心の理論への変革があるとする説の証拠の一部は，誤信念テスト〔つまり，他者が誤信念を持ち，それに基づいた行動をすることがあるということを理解していないと合格しないテスト〕に幼い子供が失敗するという事実の数多い資料から来ている。[…] 標準的テストの一例を挙げると [...]，子供たちは人形とおもちゃのスイカを使って演じられるお話を視聴させられる：

最初の人形はスイカを１つの場所に隠し，その後部屋を出て行く；彼女が部屋にいないうちに，第二の人形がスイカを別の場所に隠す。第１の人形が（部屋に戻ってきて）スイカを取り出すためどこを捜すかと聞かれると，４歳児は，一般に，最初の場所と答え，その答えの理由付けを適切に付け加える。それと対照的にほとんどの３歳児は，第一の人形は第２の場所（つまりスイカが実際にある場所）を捜すと答える。すなわち，第１の人形がおもちゃのある場所について誤信念を持っていることを明確に理解できないのである。

別の研究者たちは次のように示唆してきた。表示的な心の理論は子供たちがもっと幼い時期から存在するのであって，子供たちがこれまでの標準的な誤信念テストをパスできなかったのは，主として実験者の子供への要求が言語的にも，計算的にも，その他の点でも過大であったことに発する，と。[…]

［我々の実験では］出演者がスイカのあり場所を緑の箱と思おうと。黄色の箱と思おうと，また，その思いが真であろうと偽であろうと，子供たちは，寸劇実行者がスイカのある場所に関する寸劇実行者自身の信念に基づいてその場所を探すと予想するのだ。この実験結果が示しているのは，生後１年３ヵ月の子供たちが，表示的心の理論を（少なくとも初歩的・暗黙裡の形で）抱いているということだ：つまり彼らは，他者が他者自身の信念に基づいて行動し，かつ，それらの信念は表示的であるゆえ真実をそのまま映しているとは限らないということを承知しているのだ。

Some researchers have suggested that at about 4 years of age a fundamental change occurs in children's understanding of others' behavior, or "theory of mind": They begin to realize that mental states such as beliefs are not direct reflections of reality, which must always be accurate, but representations, which may or may not be accurate [...]. Part of the evidence for this change from a nonrepresentational to a representational theory of mind has come from young children's well-documented failure at false-belief tasks (i.e., tasks that require the understanding that others may hold and act on false beliefs) [...]. In a standard task [...], children listen to a story as it is enacted with dolls and toys: The first character hides a toy in one location and leaves the room; while she is gone, a second character hides the toy in a different location. When asked where the first character will look for her toy, 4 year olds typically say she will look in the first location and provide appropriate justifications for their answers. In contrast, most 3 year olds say she will look in the second (actual) location, thus failing to demonstrate an understanding that the first character will hold a false belief about the toy's location.

Other researchers have suggested that a representational theory of mind is present much earlier and that young children's difficulties with the standard false-belief task stem primarily from excessive linguistic, computational, and other task demands. [...]

Whether the actor believed the toy to be hidden in the green or the yellow box and whether this belief was in fact true or false, the infants expected the actor to search on the basis of her belief about the toy's location. These results suggest that 15-month-old infants already possess (at least in a rudimentary and implicit form) a representational theory of mind: They realize that others act on the basis of their beliefs and that these beliefs are representations that may or may not mirror reality. Onishi and Baillargeon (2005) pp. 255-257.

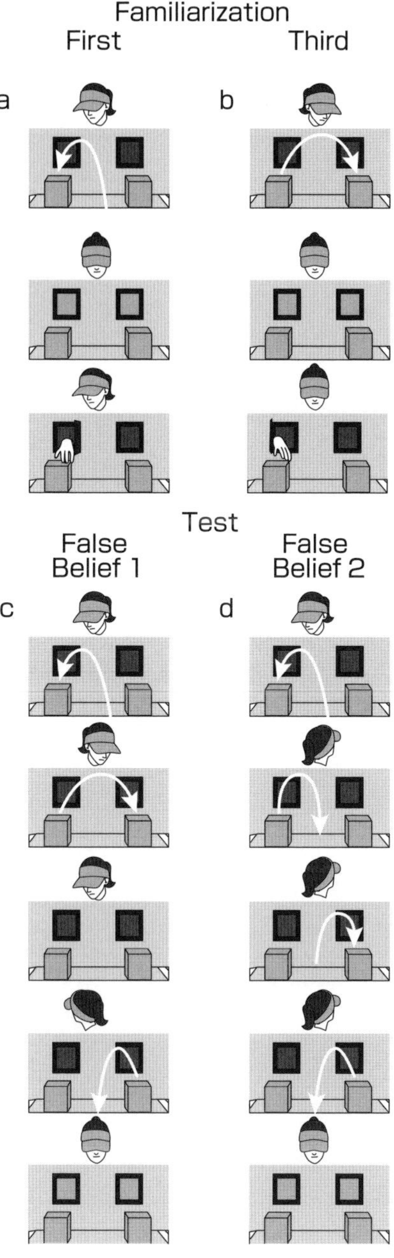
Familiarization
First
Third
a
b
Test
False
Belief 1
False
Belief 2
c
d

次はOnishi and Baillargeon（2005）に賛同し，同じように「心の理論」は4歳よりずっと幼いときからあることを証する実験結果を出したサウスガット，センジュ，チーブラによる実験をSouthgate et al.（2007）*を通じて見てみましょう。この実験では，2歳代の幼児20人（平均：生後25.5ヵ月）が2種類の親近化訓練と1種類の実行テストを受けました。子供は両親のどちらかの膝に抱かれ，目の前に置かれたモニターで寸劇を見せられます。モニターには図3のように，寸劇実施者（ひさしの長いバイザーをかぶっているのは，自分の視線が子供たちの判断に影響を与えないためです）がパネルのうしろに写っていて，パネルには左右2つの小窓があります。おのおの窓の前には中が見えない不透明の箱が置かれています。テストの最初にはモニタースクリーンの底から人形が現れて，鮮やかな色をした物体をどちらかの箱に入れます。視標追跡器が備えられていて，子供の視線がどこに，どのくらいの時間向けられたかを記録します。

第1の親近化テストで，人形が現れ，鮮やかな色をした物体を左側の箱に入れるのを寸劇実施者が眺めていたことを子供たちは見ています。このあと人形は姿を消し，両方の窓が照明を浴び，同時に「チャイム」の音が流れます。この合図は，寸劇実施者が間もなくどちらかの窓を開けることを子供たちに知らせるために使われたとのことです。実験では寸劇実施者は2秒以下の合図の後に左の窓から手を出し，箱のふたを開け，笑みを浮かべつつボールを取り戻しました。第2の親近化テストは第1とほとんど同じですが，違うところは，人形が物体を入れるのが右側の箱である点と，寸劇実施者が箱に触った時点で寸劇が終わってしまう点です。親近化テストの目的は，寸劇実施者の目的が隠された物体を取り戻すことにある点と，窓が照明を受け，同時にチャイムが鳴ったときは間もなくどちらかの窓が開くという点を子供たちに教えるところにありました。

実行テストは，寸劇実施者が誤信念を抱いていると幼児たちが判断し，それに基づいて先行的な**視線移動**（サッカード＜saccade）を起こしているのか，それとも物体が最初にあった場所とか最後にあった場所とか寸劇実行者が最後に注意を向けた場所（舞台上の動きに注目していることを強調するため寸劇実行者は頭を人形の動きの方向に動かすことに決められていました）とかいう単純な規則に基づいて視線移動を行っているのかを区別するために使われました。なお，子供たちが物体の入った箱の方角を見る可能性をなくすため，寸劇実行者の行動を予測させる段階では，物体はもはや舞台上のどこにもないよう手配したとのことです。

実行テストは２つの条件の下に行われ，第１条件下では，子供たちは人形が現れ物体を左の箱に入れるのを見せられます。次いで人形は「気が変わった」らしく，左側の箱のところへ戻り，ふたを開け，物体を取り戻すとそれを舞台の真ん中に置きます。そのあと人形は右側の箱のふたを開け，中に物体を置き，ふたを閉めます。人形は再び左側の箱のところに戻り（このあとで寸劇実行者は成り行きに注目します），ふたを閉め，姿を消します。ここで電話の鳴る音がして，寸劇実行者はその音に注意が向いたらしく横を向きます。寸劇実行者の姿はまだ子供に十分に見えているのですが，その注意力は明らかに舞台から離れています。寸劇実行者が横を向くや否や人形が再登場して右側の箱のふたを開け，物体を取り出し，それを持って舞台から去ります。このケースでは，子供たちは人形が物体を持ち去ったところを見ていますが，寸劇実行者は物体が右側の箱に入っているという誤信念を持っているに違いありません。

第２条件下の実行テストでは，人形はまず物体を左側の箱に入れ，一旦姿を消します。その後すぐ，電話が鳴り，寸劇実行者は横を向きます。すると人形が再登場し物体を左側の箱から取り出して右側の箱の中に入れます。そのあと人形の「気が変わって」物体を右側の箱から取り出し，それを持って姿を消します。今度のケースでは，子供たちは人形が物体を持ち去ったところを見ていますが，寸劇実行者は物体が左側の箱に入っているという誤信念を持っているに違いありません。

さて実験結果ですが，実験者３人は行為予測の測定基準を２つ設け，窓が照明を受けた後の最初の視線移動の対象位置を主体基準として設定しました。寸劇実行者がちょうどこのあたりの時点で横を向いたので，子供たちは寸劇実行者に注意を集中していたため，どの子についても，どちらかの窓に向けて視線移動をしたかが明白に判る記録が取れたとのことです。2つの条件下での子供の反応にも差はありませんでした。第1条件下では10分の9の子供が正しく右側の扉に視線移動をし，第2条件下では10分の8の子供が正しく左側の扉に視線移動をしたそうです。

第2の実験結果を得るため，視線移動の時間が，窓ごとに，また子供1人ひとりについて測定されました。子供たちが正しい窓を見つめる時間は，間違った窓を見る時間のほとんど2倍でした。前者が956 ms，後者が496 msだったのです。2つの条件下での実行テストでは，子供たちが正しい窓を見つめる時間と間違った窓に目をやる時間の差は，有意な値でした。

この結果に基づいてサウスガットたちは次のように主張しています。

(16)　この論文で紹介されているデータは，生後2年1か月の幼児たちが他者が誤信念を抱いていることを正しく把握し，その他者がその誤信念に基づいた行為を行うことを予測する，ということを強力に示唆している。これまでの論調とは逆に，生後2年1か月の幼児たちは，他者が誤信念を持っている場合にその他者が現れそうな場所を予測してそこをじっと眺めるのだ［…］。予測的な凝視の方角は，上記より簡単な規則からは説明できない。つまり，たとえば，物体があった最初の場所とか最後の場所，あるいは寸劇実行者が注意を向けた最後の場所とか人形が物体をいじった最後の場所などといった単純な規則からは説明不能である。とは言いながら，我々が提供しているデータは規則に基礎を置いた説明に不可避的に無防備だ。というのは，子供たちが寸劇実行者が如何なる「信念」を持っているとも推測することなく，寸劇実行者というものはものを最後に見た場所を探す癖（へき）があるという単純な規則に従って寸劇実行者の行動を説明したのだという説も成り立つからだ［…］。我々はそのような案をまずあり得ないと思う（他者の意識状態を推論する能力を示唆する，我々の序論で光を当てたような幼児のさまざまなふるまいをすべて説明しきるには非常な数の規則が必要であろう）のだが，この重要な問題点と取り組むためには更なる研究が必要であろう。

2歳の幼児が，他者が自分の誤信念に合致する行為をすることを予知するという発見は，重要である。我々の実験結果は，標準的な誤信念テストに合格しないということが認知的な欠陥でないことに抗い難い証拠を提供しているのだから，研究者は実務的な技能から認知的理解を区別出来ないようなテストが生み出す結論には注意を払うべきである［…］。2歳児が他者の認知的状態を読み取れるという観察例が数多くあるのに，従来の誤信念テストで2歳児が必ず不合格であったというのは当惑的謎だった。我々のデータはこの謎への最初の解決剤であろう。

The data presented in this paper strongly suggest that 25-month-old infants correctly attribute a false belief to another person and anticipate their behavior in accord with this false belief. Contrary to previous contentions, 25-month-olds gaze in anticipation to a location where a person would appear if they had a false belief (Clements & Perner, 1994; Ruffman & Perner, 2005). The direction of anticipatory looking cannot be explained by the use of simpler rules such as the first or last position of the object, the last position the actor attended, or the last location the puppet acted on. Nonetheless, the data we present is inevitably open to a rule-based explanation in which behavior is explained as the consequence of the infant having deployed a simple rule that agents tend to search in places where they last saw things, without inferring any 'belief' to the agent (Perner & Ruffman, 2005; Povinelli & Vonk, 2003). Whilst we find this proposal unlikely (a great many rules would be required to explain away all the different examples of infant behaviour highlighted in our introduction, which suggest an ability to attribute mental states), further research will have to address this important question.

The finding that two-year-olds predict the behavior of an actor in accord with a false belief is an important one. Our results provide compelling evidence that failure on the standard false-belief task does not reflect a conceptual deficit and researchers should be cautious in drawing conclusions from a task that cannot isolate conceptual understanding from pragmatic skills (Bloom & German, 2000). The many examples of two-year-olds' sensitivity to other people's mental states have been puzzling in the context of their consistent failure on the false belief task. Our data may provide the first solution to this puzzle. Southgate et al. (200) pp. 593-594.

さて，Onishi and Baillargeon (2005) と Southgate, Senju, and Csibra (2007) の実験結果に接すると，それを受け入れない限り，対処の必要性が生まれます。実験にあたって言語を用いたことが「従来の標準的誤信念テスト」から正しい結論が生まれなかった原因であるというだけのことであれば，反論の可能性は残ります。「文体等を工夫すればこの誤りを防げる」と主張できるからです。しかし，もしこれらの実験結果が正しいならば，スコット＝フィリプスの「意図明示的伝達の誕生によって新しい形のコミュニケーション形態が生まれ，それが言語の源泉となったのだ」という主張を否定できなくなってしまうからです。

これに対し，生成文法の主張を繰り返せば，次の引用のようになります（和文の傍点は今井）。

(17) 遺伝・進化の流れの中で突然変化が起こり，その結果脳内の配線に変化が生じ，ヒトに「併合」がうまれた。[…] 突然変異というものは，１人の個人に起こるのであって社会全体に起こるのではない [...]，したがって [...] 上記の突然変異は１人の個人に起こり，子孫に伝わったのだ [...]。それはかなり小規模の家系だった。そのため，おそらく，その変異は選択上の有利さを与えられれば，間もなく──ほんの数世代のことだったろう──その家系に遺伝的優位を与えたものと考えられる。**このことはすべて伝達なしで起こったはずだ**。それが与えるものが何だったかと言えば，考える能力，つまり，複雑な思考を構築する能力，計画を建てる能力，物事を解釈する能力である…それが選択上の有利さをもたらさなかったと考えるのは至難の業だ。だから比較的短い期間に，この家系全般に，ものを考える能力がしっかり根付いたはずだ。それを伝達に用いるのはもっと後に起こった。その上，言語を伝達に用いるのは末梢的なことだったと考えられる。言語を研究することにより理解できる範囲内で見る限り，**伝達上の言語使用は言語構造にほとんど影響を与えていない**。[…] 伝達が言語に影響を与えるようになったのはずっと後のことである可能性が非常に高く，これまでも言語構造にほとんど影響を与えなかったのではないか。

Somewhere along the line mutation took place that led to the rewiring of the brain to give you Merge. [...] [M] utations take place in one individual, not in a society [...], so [...] that mutation took place in one person and then it would be transferred to offspring [...]. It was a pretty small breeding group. So it could be that if it gave a selectional advantage, they'd dominate the breeding group pretty soon, maybe in a few generations. This could be done without any communication. It gives you the ability to think, to construct complex thoughts, to plan, to interpret [...] It's hard to imagine that

that wouldn't yield a selectional advantage, so it could be that over some fairly short time, throughout this breeding group, that the capacity to think was well embedded. The use of it to communicate could have come later. Furthermore, it looks peripheral: as far as we can see from studying language, it doesn't seem to affect the structure of language very much. [...] [I]t's quite possible that it's just a later development that came along, and it may not have had much effect on the structure of language. Chomsky (2012) pp. 43–44.

チョムスキーは，明確に「伝達は言語より後に発した；前者は後者の構造にあまり影響を与えていない」と言っていますね。これに加え，Berwick & Chomsky (2016) からも (18)，(19) の引用をしましょう。

(18) 言語が伝達に利用可能であることは確かである [···]。[しかし] 統計的に見れば，言語使用の圧倒的多くは内在的――つまり思考を生み出すところにある。[···] 著名な神経学者ハリー・ジェリスンの著 (1973)* は，中でも，もっと大胆な考えを公表している。すなわち彼の考え方は，「言語は伝達用システムとして出現したのではない…言語誕生の始まりは…世界の真の姿を構築する――思考の手段として――ことを目的としたものであった可能性の方が強い」というものであった。

Language can of course be used for communication [...]. Statistically [...], the overwhelming use of language is internal — for thought. [...] The distinguished neurologist Harry Jerison (1973, 55) among others expressed a stronger view, holding that "language did not evolve as a communication system [...]. The initial evolution of language is more likely to have been [...] for the construction of a real world," as a "tool for thought."　　　　　　　　　Berwick & Chomsky (2016) p. 64.

(19)　近年の――伝達は言語の「機能」であるとする――考え方は［…］，言語が動物としての伝達から発達したに違いないという誤った考えから生まれたものであろう。レナバーグが半世紀も前にとっくに論じていた通り，そのような考えを支持するような進化生物学的証拠は一切ないのだが。それどころか実在する証拠はそうした考えを強く否定するものなのである［…］。事実上すべての重要な点において，［…］人間言語は動物的伝達システムと根底的に異なっていると思えるのである。

The modern conception — that communication is the "function" of language [...] — probably derives from the mistaken belief that language somehow *must* have evolved from animal communication, though evolutionary biology supports no such conclusion, as Lenneberg already discussed half a century ago. And the available evidence is strongly against it: in virtually every important respect [...], human language appears to be radically different from systems of animal communication.　　　　　　　　　Berwick & Chomsky (2016) p. 102.

生成文法の立場に立ち，スコット＝フィリプスに対して「再帰的心の理論が意図明示的伝達能力を生み，言語を生んだ；それがヒトだけに起こったのはヒトには高性能な社会的認知形式があったからであると言うなら，その高性能な社会的認知形式はいつどうして生まれたのか？　どうしてもっと早く生まれ，言語ももっと早くから生じなかったのか？」と訊いたら，彼は何と答えるでしょう？　生成文法陣営と同タイプの答えをする他ないでしょう。つまり「なにゆえか，ある時期にヒトの脳に二次適応が起こったからだ」と。

すると，生成文法とスコット＝フィリプスは形式上同等の立場に立つように見えるかもしれません。前者は二次適応により，まず再帰性を持った併合を備えた言語ができ，そのあとで伝達が起こったとし，後者は二次適応により，まず再帰的心の理論が生じ，それによって生まれた意図明示的伝達能力が言語を生んだと主張しているわけですから。

優れた研究者の中にも，「可能性としては，言語が先か伝達が先かという順序関係は問題ではなく，いずれも二次適応により独立に生じたとする立場もあるのではないか？」という考えを示唆する人もいます。けれど私たちは，現在の言語を知っています。そしてその言語が再帰的性格を持っていることを知っています。他方で私たちは，実際に発話を行い，他者の発話を解釈する時の心の理論が再帰的であることも知っています。しかし伝達における再帰性は，言語から引き継がれたものだ，としか，少なくとも筆者には考えられません。言語がなければ思考は生まれません。思考なしに，どうして伝達が再帰的になり得るのでしょうか？

おそらくスコット＝フィリプスは，トマセロの「社会的協調性と志向性を持った文化的特性の習得に基づく“身振り”がまず人間に起こり，身振りを基盤として人間言語が生まれた」(Tomasello, 2008) という考え方を受け継いでいるのでしょう。しかし言語の存在なしに「基礎言語」を“強力な位置明示的伝達を行い得る本格的言語”に高めたという彼の主張には賛同しがたい欠陥があります。彼の言う「最初の」伝達能力が，他の動物のそれに比べ，それほど高かったとは考えられません。“本格的言語”が生じて初めて，「社会的協調性と志向性を持った文化」が生ずるわけですから。

4　スペルベル：スコット＝フィリプス理論の生みの親？

ここまで生成文法派の主張を正しいものとして扱ってきましたが，これに対立するスコット＝フィリプス理論の祖と考えてよい論者の中に，実は関連性理論の創始者スペルベルがいるのです。彼は Sperber (1995)*の中で（20）に見る言明をしています。

（20）　人間同士の伝達は，何よりもまず推論を主要事項とする事柄であって，言語は追加装置にすぎない。
[H]uman communication is first and foremost a matter of inference and that language is the add-on.
Sperber (1995) p. 2 (PDF version).

そして我々の大昔の祖先としてジャックとジルを想定し，ジルが木の実を摘んでいるのをジャックが見ているという状況を設定します（まだ言語は出現していない，というのが前提です)。ジャックは「ジルは木の実を食べるために摘んでいるのだ」ということを理解したと考えられます。つまりジルの「意図」を理解したのです。他者の意図を理解するということは，他者の意図という**表象**（representation）**を理解している自分自身の心／頭脳を表象する**，ということです。表象を表象したものをスペルベルは「メタ表象（meta-representation)」と呼んでいます。ジルの方でも，木の実が食べられることをジャックに教えたいという意図を持ったり，ジャックもその意図を汲んだり［…］ということで，メタ表象の層は段々数を増していきます。やがてジルは，木の実を口にせず，それに目を向け，実を咀嚼する真似だけをジャックに見せるようになったでしょう。ここまでくると伝達は公然たるものになるわけですが，言語はまだ登場しない，とスペルベルは言います。そして言語は（21）に記された状況で発生したのだと主張するのです。

（21）　人間同士の伝達は，人間が持つメタ表象能力の副産物である。お互いの心／頭脳に関して高度な推論を行う能力は，お互いの行動を理解し予知するための手段として，我々の祖先の頭脳の中で進化発展した。このことが，次には，自分の考えを他人に対して明らかにするための腹蔵のない行動を行う可能性を引き起こした。その結果，言語の誕生という条件が創発されたのである。言語は，推論を含む伝達の程度を，測り知れないほど増加させた。
[H]uman communication is a by-product of human meta-representational capacities. The ability to perform sophisticated inferences about each other's states of mind evolved in our ancestors as a means of understanding and predicting each other's behavior. This in turn gave rise to the possibility of acting openly so as to reveal one's thoughts to others. As a consequence, the conditions were created for the evolution of language. Language made inferential communication immensely more effective. Sperber (1995) p. 3 (PDF version).

さらにSperber (2000)*で，彼はメタ表象を含む「意図明示的伝達（ostensive communication）［第1章1.5を思い出してください］を行う能力の誕生は，言語能力の誕生より，時期的に先行している旨を明言しています。

(22) ［言語機能の方がメタ表象能力よりも先に生まれたという仮説］は，精密に吟味してみると，訴える魅力が激減する。まず，我々の先祖の言語伝達が，いろいろな点で現代のそれより単純であったにしても，現在の言語伝達と同じ伝達メカニズムに立脚していたと考えてみよう。そうすると，言語機能はメタ表象能力を前提条件とすることになるから，メタ表象能力より先行することはあり得ない。それとは逆に，我らが先祖の言語伝達は，人間以外の動物の伝達と同じように，厳密な符号化＋復号化の過程[注7]だったと想定してみよう。すると我々の祖先は，人間の発する記号というものが表象という性格を持っていること知覚する能力を持っていないという点で，ハチやヴェルヴェット猿と同じになってしまう訳だ。
[The hypothesis that the language faculty evolved first] loses

> much of its appeal under scrutiny. One the one hand, we can argue that ancestral linguistic communication, though presumably simpler in many respects, was bases on the same kind communicative mechanism as modern linguistic communication. If so, it presupposed metarepresentational ability and, therefore, could not precede it. On the other hand, we can argue that ancestral linguistic communication was strictly a coding — decoding affair like other forms of non-human animal communication. There is then no reason to assume that our ancestors had the resources to become aware of the representational character of their signals anymore than bees or vervet monkeys do. Sperber (2000) pp. 121-122.

スペルベルの考えに対する筆者の反応は，すでに述べたように「言語がなければ思考は生まれません。思考なしに，どうして伝達が再帰的になり得るのでしょうか？」です。ジルが木の実を食べる真似をして自分の意図その他をジャックに伝える，といった可視的で単純な場合はともかくとして，ジャックがI love you: please marry me. に当たることをジルに伝えたく望み，ジルの方はTo hell with you! と怒鳴りたいときはどうするのでしょう？　そうした意味のジェスチャーは考えられないし，言葉はまだないわけですから，ジャックはいきなりジルに挑みかかり，ジルはジャックに食いつくか何かしたのでしょうか。

しかしここでは，関連性理論（そして生成文法）の権威，西山佑司氏の意見を紹介しなければならないでしょう。西山氏は「意図明示的伝達能力が生まれた結果，言語能力が生まれた」というスペルベルの意見に反対なことは筆者と同じです。しかし他の点については，(23)・(24)・(25) の引用（私信）注8 に見るとおり，筆者と意見を異にします。

(23)　Onishi and Baillargeon (2005) の議論からすれば，生後１年３

ヵ月の幼児が心の理論を持つということになります。言い換えればその幼児たちはSperber（2000）の言うメタ表象能力を有しているということです。

つまり，彼らは，言語能力は未完成であるにもかかわらず，他者の認知状態を読みとることができる，すなわち他者がしかじかの考え，欲望，意図などを有していることを理解できるのですよね。そして，彼らがこの意味で心の理論を持っているということは，彼らが，自分の考え・信念とは異なる認知的表象を他者の心に帰すことができる，ということにほかなりません。そのことを敢えて言語で表せば，1年3ヵ月の幼児であるMaryは

I believe

that Peter believes

that the toy is located in the green box.

のようなメタ表象能力を有していることを意味します。これは，まさに「再帰的心の理論」の原初形態といえるのではないでしょうか。

これは上記の引用（9），(10)，(14）に照らして西山氏に賛成せざるを得ません。

(24) 意図明示的伝達能力と言語能力は，いずれが原因でいずれが結果かという関係ではなく，互いに独立に（二次適応により）脳に生じ，両者が生じた後では，互いに影響しあって促進した，と考えるのが妥当ではないかと思います。

これについては，筆者はやはり，言語誕生が意図明示的伝達能力誕生に先行し，前者が後者の誕生・発展を促した，とする考えを持ち続けています。

(25) チョムスキーが強調していますように，人間の言語能力が意図

> 明示的伝達という機能を果たすのに最適なように仕組まれているとは到底考えられません。かと言って最初に言語能力が脳に生じたからこそ，その結果として初めて意図明示的伝達能力が可能になったのだ，という見解にも無理があります。非言語的手段による意図明示的伝達が可能なことはよく知られています。

これについても，筆者には上記の「ジャックがジルに挑みかかり，ジルはジャックに噛み付く」というシナリオを再び述べるだけにします。

注

注 1. モジュールが情報遮蔽的であるということは，それが中央システムからの干渉なしで作動するものであることを指します。より詳しくは今井邦彦ほか訳『チョムスキーの言語理論』第 1 章第 2 節（p. 22 以降）で調べてください。

注 2. Interfaces： FLN 中の統語論（「再帰性」を持つ）によって生み出された内的表現は，一方では感覚運動システム（sensorymotor system）によって音声型を与えられ，他方においては概念志向システム（conceptual-intentional system）によって思考となります。

注 3. 初期の生成文法に触れた経験を持つ読者諸氏は，「句構造規則」，「変形規則」等の規則や，「統率・束縛理論」といった原理をご記憶でしょう。これらは今，生成文法理論から姿を消しています。

注 4. evolutionary developmental biology，evo-devo［ì:vou dí:vou］と略されます。分子生物学的手法を用いて生物の発生機構から進化の仕組みを解明しようとする分野を指します。

注 5. 要約によりもし外池氏の趣旨表示に誤りが生じていれば，それは今井の責任です。

注 6. （11）と同じく私信の要約。表示に誤りが生じていれば，それは今井の責任です。

注 7. 「符号化＋復号化の過程」とは，「コード主義」を指します。コード主義とは「伝達の研究は，ことばの働きのみを考察すれば足りる」とする単純で誤った考え方です。

注 8. 引用法に誤りがあれば今井の責任です。

参考文献

Chomsky, Noam (2013) "Problems of projection", *Lingua 130,* pp. 33–49.

Clement, W. A. and J. Perner (1994) "Implicit understanding of belief." *Cognitive Development,* 9, 377–395.

Evans, Vyvyan (2009) *How Words Mean — Lexical Concepts, Cognitive Models, and Meaning Construction.* Oxford University Press.

Evans, Vyvyan and Melanie Green (2006) *Cognitive Linguistics — An Introduction.* Edinburgh University Press.

Fauconnier, Gilles (2000) Methods and generaliztions, *Scope and Generalizations,* In T. Janssen and G. Redeker (Eds). Scope and Foundations of Cognitive Linguistics. The Hague: Mouton De Gruyter. [Cognitive Linguistics Research Series]

Jerison, Harry (1973) *Evolution of the Brain and Intelligence,.* New York, Academic Press.

Lakoff G, & M. Johnson. Conceptual Metaphor in Everyday Language The Journal of Philosophy. 77: 453. DOI: 10. 2307/2025464

Lakoff G. (1987) The Death of Dead Metaphor Metaphor and Symbolic Activity. 2: 143–147. DOI: 10. 1207/S15327868MS0202_5

Lakoff. George (1990) The invariance hypothesis: is abstract reason based on imageschemas? *Cognitive Linguistics,* 1, 1, 39–74.

Langacker, Ronald (1986) "An Introduction to Cognitive Grammar", *Cognitive Science.* 10: 1–40.

Moro, Andrea (2016) *I Speak, Therefore I Am — Seventeen Thoughts About Language.* Columbia University Press.

Onishi, Kristine and Baillargeon, Renée (2005) "Do 15-month-old infants understand false beliefs?" Science 308 (5719): 255–258.

Scott-Phillips, Thomas C. (2015) *Speaking Our Minds: Why Human Communication Is Different, And How Language Evolved and How Language Evolved to Make it Special.* London, Red Globe Press.

Southgate, Victoria, Atsushi Senju, and Gergely Csinba (2007) "Action anticipation through attribution of false belief by 2-year-olds," *Psychological Science* 2007 18 (7): 587–592.

Sperber, Dan (1995) "How do we communicate?," In Blockman, John and Katinka Matson (eds.) *How Things Are: A Science Toolkit for the Mind,* New York, Morrow.

Sperber, Dan (2000) "Metarepresentations in an evolutionary perspective". In Dan Sperber (ed.) Metarepresentations: A Multidisciplnary Perspective. Oxford University Press, pp. 117–137.

Surian, L., S. Caldi & D. Sperber (in press) Attribution of beliefs by 13-month-old

infants. 現在は Psychological Science. 2007 Jul; 18 (7): 580-6. に掲載。
Tomasello, Michael (1999) *The Cultural Origins of Human Cognition*. Harvard University Press.
今井邦彦 (2001)『語用論への招待』大修館書店.
今井邦彦 (訳) 2021『ことばをめぐる 17 の視点――人間言語は「雪の結晶」である』大修館書店.

第5章

科学とは何か

これまで，「この本で扱う言語学（語用論を含む）は自然科学である」，「自然科学にはこうした性格のものであるべきだ」という趣旨のことをいろいろな箇所で述べてきました。この，「あとがき」に当る第５章では，その言わば「まとめ」として，いくつかのポイントを並べてみることにしましょう。

1　科学の誕生：2 つの条件

人間が，何らかの不可思議な事実・現象に興味を抱くことが科学の始まりです。ただしその事実・現象が一般性のないものではいけません。たとえば山田太郎君が鈴木花子さんの心をつかみたくて手紙を何通も書いたり，高価な宝石を贈っても何の効き目もないとします。太郎君は若くて，自分の社会的位置にも能力にも容貌にも自信があるとすると，これは太郎君にとっては不思議なことです。その原因を調べれば答えは簡単に出てくるかもしれません。でもこれは一般性のある問題ではありません。地球に夜昼の区別があったり，さまざまな気候が起こるのはなぜか，とか，人間は母語を誰にも教えられず，自分でも努力をしないのに，非常な速度で身に付けられるのはなぜか，といった「不思議さ」とは性格が違うのです。

また，研究対象にしたいけれども，そのためにどうしたらいいのかわからないこと，たとえば人間はなぜ科学を生み出せるのか，といった，取り組みようがわからない不思議さは，少なくとも現時点では科学の対象とはなれません。

不可思議な事実・現象に対する興味が非常に強く，「この事実・現象を詳しく究めよう」という決意が抱かれたなら，つまり**研究対象が決定**したなら，科学誕生の2つの条件の一方が決まった，と言えます。

科学誕生にとってもう1つ欠かせない条件は，**研究法の選択**です。自然科学の研究法にはアブダクションが欠かせません。第2章（38）以降の記述をもう一度みてください。帰納によって得られる結論は必然的なものではありませんし，演繹は理論的に必然な結論を与えますが，その結論はそれまでに知られていたことを超えられないのです。そこで，新しいことを知るためにはどうしてもアブダクションが必要となるのでしたね。

2　狭い入口・簡潔な説明基準

科学では「狭い入口が必要だ」ということを何遍となく言いました。入り口となり得る仮説が無数にあるのでは，何から始めたらいいのかわかりません。しかし幸いにも人間には「アブダクション」という本能的推論法があって，正しい仮説選択を可能にしてくれる，という次第です。

正しい仮説を出発点として築き上げられる理論も，言うまでもなく簡潔なものでなくてはなりません。できる限り簡潔な仮説・前提に基づいた理論を基底にすべての事象を説明することが科学の目標なのですから。

3　反証可能性

昔の人にとっては，昼と夜の別があり，地球の多くの地域で明白な四季の移り変わりがあること，夜の星が規則的に「地球の周りをまわる」ことも，不思議なことでした。これを「神様が世の中をそのようにお作りになったから」と考えている限り，科学は生まれません。不思議さはどのような原因から来ているのかを調べる営みから，天文学や気象学や物理学という科学が生まれたわけです。

わが国では日本三大怨霊と呼ばれる人物がいました。菅原道真，平将門，崇徳天皇です。いずれも朝廷ないし朝廷の政治家に対して深い恨みを持っていました。その死後起こった大災害や朝廷ないしその近辺の不幸は，恨みのために怨霊になったこれらの人々の祟りであったと怖れられ，彼らは高い位を追贈されたり，遂には神として祀られました。このように，国家的災害や政治上高位の人々の不幸の原因を怨霊の祟りとするのは，アブダクションの一種と言えなくもありません。しかし，怨霊のようなものが反証不可能であることは当時の人にはわからなかったにせよ，反証できないものに原因を求めたのですから，ここから科学は生まれませんね。科学の理論は「**反証可能**（falsifiable)」でなければならないのです。

道真の時代に比べればはるか最近に至るまで，「物が燃える」ということは，フロジストンという物質がその物から抜け出ていく過程であるとされていました。18 世紀末にラヴォアジエが酸化説を唱えても，フロジストン説支持者は 19 世紀初めにも少数ながらいたそうです。燃えた金属片が燃焼以前よりも重量が増えることはわかっていたのですが，フロジストン説支持者は「それはフロジストンにはマイナスの重さがあって，それが抜けだせば金属片の重さが増えるのは当然である」という，リクツとしては実に優れた，そして今日聞けば楽しい反論の仕方をしました。

フロジストン説は間違ってはいたものの，非科学的な説ではなかったと言えます。それはこの説が「反証可能な」形式を持っていたからです。これが神様の思し召しや誰それの怨霊に原因を求める説との違いですね。科学には常に「**反証可能性**（falsifiability)」が求められるのです。

3.1　反証が出現したら？

さて実際に反証が出たらどうするのでしょう？　「反証（半鐘）が鳴ったらお終いだ：燃やすしかない」などと駄洒落を言ってその理論を捨て去

るのではありません。**新しい仮説**を立てるのです。湯川博士の中間子説，ケプラーの３法則も，そしてラヴォアジェの酸化説も，いずれも「新しい仮説」だったわけです。つまり，「反証される」ということは「**新しく，より良い仮説**」の出現，つまりそれまでの仮説で説明できたことはすべて説明でき，かつそれまでの仮説では説明できなかったことも説明できる仮説が現れる，ということになります。この考え方を明確に述べたのがハンガリーの科学哲学者ラカトシュ（Imre Lakatos, 1922–1974）で，彼は Lakatos (1978)* の中で，仮説に反証が発見されたらその仮説は直ちに斥けられるべきであるとする考え方を「**愚かな反証主義**（naïve falsificationism)」と呼び，科学は，反証に出会ったら「新しく，より良い仮説」を築き上げる，「**高級な反証主義**（sophisticated falsificationism)」を採るべきである旨を提唱しました。

ラカトシュは，科学において評価の対象となるべきものは個々の理論ではなく「**一連の理論**（a series of theories: 英語の s と th の発音に関する練習みたいですね)」だ，と言っています。つまりかなりの時間的幅にまたがるさまざまな理論をひとまとめにして，その当否を判定すべきだというのです。このようにひとまとめにされた理論をラカトシュは１つの「**研究プログラム**（research programme)」と呼びました。

研究プログラムというものは，ある時点では検証に耐えないことも，また反証の手続きが原則的にさえ存在しないことも，さらには明らかに反証例と思われるものにぶつかることもあります。けれども，それにもかかわらず，強引に，いわば図太く研究を進めていくうちに，究極的には理論的発展が見られ，より多く真理に近づくことが可能になった例は科学史上極めて多いというのがラカトシュの見方です。

ラカトシュは，成功した研究プログラムの例として，ニュートン力学の場合を挙げています。ニュートン力学は当初から多くの反例や変則例を抱えていました。それにもかかわらずニュートン説の信奉者たちは，ニュートン力学の３法則と引力の法則を「修正を許さない堅固な核」として据え，さまざまな補助仮説を付加・補充してこの核を防御しようと努めたのです。その結果，反例・変則例と見えたものが，実はニュートン力学の「堅固な核」の裏付けとなるものであることが次々に立証されていった，というのです。

2011年，ニュートリノが光より速く飛ぶという，「質量を持つ物質は光の速さを超えられない」という柱を含むアインシュタインの特殊相対性理論に矛盾する実験結果が国際研究グループOPERA[注1]から出て，これが事実なら物理学を根底から揺るがす可能性があるため問題となりました。もちろんこの時点で特殊相対性理論が放棄されることはあり得ず，事実，理論放棄は起こりませんでした。それのみならず，2012年，上記の観察結果が誤っていたことがOPERA自身によって公表されました。そして同年７月，京都で開催されたニュートリノ・宇宙物理国際会議で，CERN[注2]が，OPERA，ICARUS[注3]，Borexino[注4]，LVD[注5]による実験すべてにおいてニュートリノの速度が光のそれを超えていないことを確認したと公表[注6]しました。これ以降，CERNの公表内容に反する実験結果は報告されておらず，「ニュートリノ光速超越説」にまつわる活発な理論は展開されていないようです。

ここで明らかにしておきたいのは，かりにOPERAの観察結果がより信頼のおけるものであり，さらに他の実験グループによって同様の観測結果が続々と報告されたとしても，それだけでは特殊相対性理論への反証とはならないという点です。もし反証されるとすれば，それはこれまで特殊相対性理論によってされたことをすべて証明でき，かつこれらの新発見事実をも証明できる新しい理論が構築された場合に限るのです。言い方を変えれば，理論を反証するのは実験や観察の結果ではなく，「より良い理論（＝より良い仮説）」なのです。これに関連して，注６に挙げた文書のアブストラクトにある「ある場合には，実験に生ずるこのように誤った結果が，科学の発展をうながすことがありうる」（“[I]n certain cases such false experimental discoveries can help the development of science.”）ということばは実に示唆に富んでいます[注7]。

4　科学と似非科学

ある事実・現象が不可思議だと感じられる場合，それを前もってどのように把握するか，どのような方法論で迫るかを決めることにより，その営みは科学にも似非科学にもなり得るのです。生成文法が登場する前のアメリカで支配的だった言語観は，構造言語学という理論でしたが，この理論は言語を，人間が生まれてから，ちょうどいろいろな習慣を身に付けるようにして習得するものと見なし，言語とは何かを明らかにするには，言語のデータを集め，それを分析していくべきであると考えました。構造言語学は音韻論（言語に用いるオトに関する理論）についてある程度まとまった理論を出すところまで進みましたが，統語論や意味論にはついに何の成果も出すことなく消えてしまいました。

これに対して生成文法は，すでに何度も触れたとおり，「人間がその母語を，教示・訓練その他を経ることなしに，容易に，かつ短時日に獲得できるのはなぜか？」という問いを発したのです。そしてアブダクションにより母語の容易な獲得を可能にしているものは，「言語獲得装置」，「言語知識の最初の段階」すなわち「普遍文法」であるとの推論を得，普遍文法の追究をその目的としました。普遍文法は人間の頭の中にあり，個別言語獲得という特定領域にのみ貢献する「装置」です。ここでもう一度，タタゾルによる言語誕生に関する生成文法的見解を挙げておきましょう。

（1）　他に類を見ない人間の能力の源泉は，我々という種，つまりホモ・サピエンスと共に生まれた。それは，別に起こった他の変化の副産物として生じたのであった。その源泉は，文化的刺激（生物学的刺激ではなく）によって解き放たれるまで，いわば，休眠していたのだ。この能力は，ひとたび解放されるや，それを獲得する潜在的能力をすでに備えていた複数の集団間の文化的接触よって容易に広まっていったと考えられる。その開放的刺激は一体何であったのだろうか？　他の多くの人と同じように，私も，それは言語の創出であったとする説にほぼ確信に近いものを抱いている。[…] 思考と同じように，言語は記号を頭の中で創り出し操作する力を備えている。つまり我々人間が記号的推論を行う能力は，言語というものがなければ，存在するとは到底考えられない。

[T]he potential for the unique human capacity was born with our species *Homo sapiens* as a byproduct of some other change, and that it lay fallow, as it were, until unleashed by a cultural (rather than biological) stimulus. This capacity, once declenched, would then have spread quite easily by cultural contact among populations that already possessed the latent ability to acquire it.

What might that releasing stimulus have been? Like many others, I am almost sure that it was the invention of language. [...] Like thought, language involves forming and manipulating symbols in the mind, and our capacity for symbolic reasoning is virtually inconceivable in its absence.

Tattersall (1998)* p. 24.

これは第４章で問題にしたスコット＝フィリプスの「伝達能力が言語を生んだ」とする論を退けることを研究する，「“本格的言語”が生じて初めて社会的協調性と志向性を持った文化が生ずる」とする考えを一層強める働きを持っています。

さて反証可能性を維持し，アブダクションを武器に考究を進める研究法，つまり演繹法則的説明法を約(つづ)めて「経験科学」と呼びましょう。生成文法登場までアメリカの言語学界を支配していた構造言語学は，言語的資料を整理・分類していけば，やがて言語の本質が捉えられるという，分類主義的方法論に立脚していました。それに対し生成文法は，経験科学的方法論を選び，アブダクションによる仮説構築を次々に行いました。チョムスキーが「言語学革命の父」と呼ばれるのはこれゆえなのです。

また，かつての語用論が，「言葉の適切な使用法」などという，重要ではありますが，余りにも複雑で膨大で，どこから手を付けていいかわからないこととか，「意味論では扱いきれない意味」といった，正確な定義がなされていないことを研究対象にしようとして，科学の「入口」にさえたどり着けなかったのに対して，関連性理論は，研究対象を「発話の解釈」にしぼり，その解明に「意味確定度不十分性のテーゼ」を始めとする数々の正しい制限・条件を符し，経験科学の資格をととのえました。

5　解釈論

研究対象が，経験科学的手法を取りにくい，あるいは不可能な場合は，その解明に「解釈論（hermeneutics または Verstehen　method)」が採用されます。解釈論とは「人間のおこなうことは，人間の意志・意欲に基づくものだから，これを説明するということは，そうした意志・意欲を明らかにすることである」とする方法論です。たとえば，関ヶ原の戦いはどうして起こったか，なぜ東軍の勝利に終わったのか，は非常に興味のある問題です。ただ，この問題には単一の答は出ません。徳川家康・石田三成それぞれの利害・意志・意欲の他に，東軍についた諸大名・西軍についた諸大名の利害・意志・意欲，それら諸大名の間の得失関係とそれに関する家臣たちの解釈等々，いろいろな要素が煩雑に絡みあっている複雑な問題ですから，その答としてはいくつかの推論が出ざるを得ません。だからといって，こうした推論を行うことに意味がない，などということはないのです。解釈論は社会学，史学などでは中心的な役割を演じています。いわゆる人文科学的事実の原因を探ることは極めて重要なことで，その究明が単一の仮説・原因に絞られないからといってこの探求をあきらめることは許されないからです。また，自然（＝経験）科学の方が，解釈論よりも上位にある、などということは絶対にありません。前者は，興味のある対象が自然科学的手法を採り得るものであるのに対し，後者は，対象にそうした接近法を採る性格がないからだ，という違いに過ぎないのです。事実，ある時期までは，言葉に関連したことがらを研究する学問には，もっぱら解釈論が適している，と考えられていました。現在でも，「私は（自分の）お母様にこれを頂きました」では敬語の誤用が２カ所もある，とか，英語ではDo you want more coffee? と現在形で訊くより，Did you want more coffee? と過去形で訊く方が丁寧である，という主張は，日本語・英語それぞれの非母語者にこれらの言語を教える場合重要なことであり，それらの主張には複数の根拠が存在すると言えます。話し手・聞き手双方の心理に関係していると思えるからです。だからこの種の問題研究には解釈論が適していると言い得るでしょう。生成文法によってチョムスキーが行ったのは，まさに言語の本質を経験科学的方法で明らかにしようとする企てであり，スペルベルとウィルスン以下の関連性理論学者が行っているのは，伝達の送り手の志向性が受け手の推論によって察知される仕組みを経験科学的に説明する道を築くことです。

ほとんどの認知言語学者は，自分たちを言語の科学者と任じているようですが，認知言語学者の中にも，数人ながら，自分たちのやっていることは科学ではなく，解釈論だということを自覚しているかに見える人々もいるようです。次の（２），（３）に，そうした見方の例を挙げましょう。

（２）　言語研究には経験科学的側面があるが，全面的に経験科学ではない。認知言語学の魅力は，経験科学たらざる側面にある。認知言語学は史学に似ている。

（３）　認知言語学にとって望ましいのは，経験科学的説明と解釈論的説明の双方に取り組むことだ。

筆者は（２），（３）に代表される見方は間違っていると考えます。その理由については，次の項を読んで下さい。

6　結語

読者諸賢にぜひとも理解して頂きたいことがあります。それは,「2つ（ないしそれ以上）の学問上の理論の比較」というものは，国家の政策の選択とか，学校内の意見調整といったものとは全く異なる，という点です。

1つの国の食糧生産者（農民・漁労者等），食糧交易者，食糧消費者との経済的損得は一致するとは限りませんね。むしろ，矛盾する方が多いと言えます。消費者は，たとえば米の値段が安ければ安いほどいいし，生産者はたくさん売れれば売れるほど有難いですし，交易者は安い方が消費者がたくさん買ってくれるから嬉しい一方，安すぎる値段をつけて生産者が売ってくれなければ困ります。政府，議会，役所等は適切な法令・法規・規定などを定めてバランスを取らなければなりません。

また，ある学校で，服装や髪型に関する生徒たちの意見が割れていたとします。この場合も，たとえばスカートの長さは膝上何センチから膝下何センチまでとする，とか，男子の髪の丸刈り強制はやめるが，左右の長さは耳を覆わない程度，後ろは制服の襟に触れない程度，また，片側だけの刈上げは不可，という風な，いくつかの選択肢を設けて多くの生徒を満足させなければいけないでしょう。

ところが，経験科学理論Aと経験科学理論Bが存在し，2つの異なる主張をしている場合は，上の方式はとれません。ある集団について統計を取り，言語生得説支持者が75%，非支持者が25%だから言語生得説の方が正しい，とか，言語は二次適応によって出現したとする説と，自然選択として発達したという説があるから，諸言語のうちのあるものは二次適応によって生まれ，他の言語は自然選択によって育まれたのだと考えよう，などというのは，経験科学を極める道ではないのです。理論Aと理論Bは，一方が正しく他方が誤っているか，両方とも間違っているか，A，Bの当否が不明であるか，なのです。

筆者が過去に出版した本への批評として「生成文法のことばかり褒め

て，認知言語学を批判しているのは不当である」という趣旨のものが2，3点ありました。関ヶ原の戦いの起因・勝敗の原因についての所説を紹介する本ならば，著者が好まない，あるいは賛同しない説に無根の欠点を付けて批判したり，全く無視するのは，鷹揚さ・度量の広さという点から見て批判に値します。しかし筆者が行っているのは，鷹揚さ・度量の広さを披露することではありません。批判は勿論望ましいことですが，批判をするなら筆者の生成文法賛同・認知言語学反論（＝経験科学と解釈論を同一の仮説から導こうとしていること）の論説に理論的反論を加えることです。実のところ，それが筆者の望んでいるところなのです。

注

注 1. Oscillation Project with Emulsion-tRacking Apparatus.「写真乳剤飛跡検出装置によるニュートリノ振動検証プロジェクト」

注 2. ここに始まる物理学界の情勢報告は，東京大学大学院理学系研究科化学専攻・山田佳奈氏の教示に基づくものです（筆者による記述の誤りが生じていたとしても，それは同氏の責任ではありません）。CERN：Organisation Européene pour la Recherche Nucléaire.「欧州合同原子核研究所」

注 3. Imaging Cosmic And Rare Underground Signals.（特定的日本語名はないようですが，しいて訳せば「宇宙由来希少信号画像地下検出装置」。）

注 4. Boron Solar Neutrino Experiment.「ホウ素太陽ニュートリノ検出実験」

注 5. Large Volume Detector.「大容積液体シンチレーション検出器」

注 6. LVD status report：neutrino physics. *Journal of Physics：Conference Series.*／Dracos, M.（2013）Measurement of the neutrino velocity in OPERA experiment, *Nuclear Physics B* 283-288, Bertolucci, Sergio（2013）／Neutrino speed：a report on the ν_μ speed measurements of the BOREXINO, ICARUS and LVD experiments with CNGS beam. 等が参考になります。

注 7. Dezsö Horváth（2016）Ultra-fast neutrinos：What can we learn from a false discovery? *International Journal of Modern Physics A* Vol. 31, Nos. 28 & 29（2016）これと関連して興味深いのは，アインシュタインが他でもない一般相対性理論の予測に対して最初は否定的であった，つまり自分の建てた理論の予言にいわば誤った見解を持っていたとされる事実です。一般相対性理論を前提とすると，宇宙にはブラックホールや重力波が存在し，宇宙は膨張し続けることになるはずですが，アインシュタインは当初そのいずれにも反対し，後にその誤りを悔いたと言います。（2021 年 4 月 28 日読売新聞名古屋版，名古屋市科学館学芸員・山田吉孝氏執筆記事）

参考文献

Lakatos, Imre（1978）*The Methodology of Scientific Research Programmes*. Cambridge University Press.（村上陽一郎ほか訳（1986）『方法の擁護――科学的研究プログラムの方法論』新曜社）

Moro, Andrea（2016）*I Speak, Therefore I Am — Seventeen Thoughts About Language*. Columbia University Press.（今井邦彦訳（2021）『ことばをめぐる 17 の視点――人間言語は「雪の結晶」である』大修館書店）

Tattersall, Ian（1998）*The Origin of the Human Capacity*（68th James Arthur Lecture on the Evolution of the Human Brain）, American Museum of Natural History.

索　引

た

な

は

ま

や・ら

[著者紹介]

今井邦彦（いまい　くにひこ）

1934年東京生まれ。東京大学文学部英吉利文学科卒。文学博士。東京都立大学名誉教授。

主な編著書に，『チョムスキー小事典』（大修館書店），『大修館英語学事典』（共編：大修館書店），『英語の使い方』［テイクオフ英語学シリーズ〈4〉］（大修館書店）『言語の科学入門』［岩波講座　言語の科学〈1〉］（共著：岩波書店），*Essentials of Modern English Grammar*（共著：研究社出版），『ファンダメンタル音声学』（ひつじ書房），『語用論への招待』（大修館書店），『なぜ日本人は日本語が話せるのか』（大修館書店）など。

主な訳書に，『チョムスキーとの対話』（M. ロナ編：共訳　大修館書店），『チョムスキーの言語理論』（スミス＆アロット著：共訳　新曜社），『最新語用論入門12章』（大修館書店），『ことばをめぐる17の視点　人間言語は「雪の結晶」である』（A. モロ著　大修館書店）などがある。

言語学はいかにして自然科学たりうるか
——今井邦彦言語学講義

NDC 801／vi, 240p／21 cm

初版第1刷——2024年5月10日

著　者———今井邦彦
発行者———鈴木一行
発行所———株式会社 大修館書店
〒113-8541 東京都文京区湯島 2-1-1
電話 03-3868-2651（営業部） 03-3868-2294（編集部）
振替 00190-7-40504
［出版情報］ https://www.taishukan.co.jp

装丁者———精興社
印刷所———精興社
製本所———牧製本

ISBN978-4-469-21397-3　Printed in Japan